VERA GRIEBERT-SCHRÖDER
FRANZISKA MURI

Die Rauhnächte als Quelle der Ruhe und Kraft

Der praktische Begleiter für mehr Energie im neuen Jahr

IRISIANA

Vorwort

Es gibt eine Zeit im Jahr, in der Sie innehalten, zur Ruhe kommen, sich besinnen und neu auftanken können. Selbst wenn Sie weiter Ihrer geregelten Arbeit nachgehen und Ihre Familie versorgen – die Zeit »zwischen den Jahren« ist anders.

Wenn man in unserer globalisierten Gesellschaft überhaupt noch davon sprechen kann, dann jetzt: Alle Räder stehen still – oder drehen sich zumindest gemächlicher. Viele Betriebe halten Pause, viele Menschen sind »untergetaucht«, und das wird in einer Weise akzeptiert, wie es das sonst kaum noch gibt. Genau dieses kleine, aber wesentliche Schlupfloch für Regeneration und Durchatmen, Muße und Spiel, Innenschau und Neuorientierung lässt sich noch viel bewusster nutzen, als die meisten von uns das bisher tun. Denn wir können es so ausbauen, dass es uns neuen Schwung und kraftvolle Freude bis weit in das neue Jahr hinein gibt. Genau dazu möchte Sie dieses Büchlein anregen.

Mittlerweile gibt es bereits einiges an Literatur zur Tradition und zu den Bräuchen der Rauhnächte. Auch wir haben 2012 bereits das Buch »Vom Zauber der Rauhnächte« veröffentlicht, in dem Sie das Wesentliche über die Tradition, die alten Bräuche und ihre moderne Deutung erfahren können, außerdem jede Menge Anregungen zur Gestaltung einer in bester Weise besinnlichen

Zeit. Mit dem Buch, das Sie jetzt in Ihren Händen halten, nähern wir uns den Rauhnächten noch einmal von einer anderen Seite. Wir legen den Fokus ganz darauf, wie wir überwiegend von Zeitnot und Hast geplagten Menschen aus diesen zwölf Tagen und Nächten eine wirkliche Auszeit machen können. In dieser Zeit steigen wir aber nicht etwa aus, sondern eher ein: in die Wünsche unserer Herzen, die Sehnsucht unserer Seele und in unsere ureigene Kraft. Dazu haben wir insbesondere zwölf Phantasiereisen entwickelt, die Sie durch die zwölf Nächte und durch das kommende Jahr begleiten wollen.

Dieses Buch möchte Ihnen ein freundlicher Begleiter durch die Zeit von Weihnachten bis zum 6. Januar sein. Wir möchten Ihnen gern bewusst machen, wie wertvoll diese zwölf Rauhnächte für Ihr Leben sein können, und Ihnen ans Herz legen, sie auf Ihre ganz persönliche Weise zu nutzen. Uns macht das Thema Rauhnächte sehr viel Freude. Wir sehen diese Zeit als eine enorme Chance an, sich mal aus dem Trubel zurückzunehmen und sich ganz auf das zu besinnen, was einem wirklich wichtig ist. Und so wünschen wir uns, dass sich diese Freude auch auf Sie überträgt, wenn Sie dieses Büchlein lesen und für sich und Ihre Lieben ganz individuell entspannende, Geist und Seele erfrischende und für Ihr ganzes Leben segensreiche Rauhnächte gestalten.

Vera Griebert-Schröder und Franziska Muri

Der Zauber der Rauhnächte

Seit Jahrhunderten eine besondere Zeit

»Zwischen den Jahren« – dieser Ausdruck bringt genau auf den Punkt, was das Besondere an den Rauhnächten ist: Sie gehören weder zum alten noch zum neuen Jahr, sondern siedeln sich irgendwo dazwischen an. Im Niemandsland. In der Niemalszeit. Und genau dort gelten auch ganz andere Gesetze als in den gewöhnlichen Regionen des Kalenders.

Wann sind die Rauhnächte?

Am 21. Dezember ist der dunkelste Tag des Jahres. Wintersonnwende. Dieser Tag leitet damit zugleich auch die Geburt des Lichts ein, das ab morgen für ein halbes Jahr beständig an Kraft zulegt. Immer länger wird es wieder hell sein, bevor die Sommersonnwende den Prozess erneut umkehrt.

Zugleich läutet dieser 21. Dezember die dunkelste Zeit des Jahres ein. Noch ist vom Hellerwerden nichts zu spüren, die Natur und auch die Menschen ziehen sich vielmehr in ihr Inneres zurück – in ihre Häuser und in ihre Herzen, wo sie einen Funken des Lichts bewahren, das von der Hoffnung auf das Neue kündet. Innenschau, Gebet, Meditation ebenso wie gemütliches Beisammensein und Geschichtenerzählen sind seit alters das, was diese Zeit erfüllt.

Im Christentum verlagerte man die Neugeburt des Lichts auf den 24. Dezember und auf die Geburt Jesu als denjenigen, der das Licht zu den Gläubigen bringt. So beginnen auch die Rauhnächte, die traditionell überwiegend im christlich geprägten Alpenraum begangen werden, an diesem Heiligen Abend. Die zwölf Nächte von der Heiligen Nacht bis hin zum Morgen des 6. Januar, Tag der Heiligen Drei Könige, werden als Rauhnächte gezählt.

Manche rechnen die Nächte von der Abend- bis zur Morgendämmerung. Wir hier zählen kalendarisch, das heißt, die erste Rauhnacht beginnt um Mitternacht mit dem 25. Dezember und endet 24 Stunden später wieder um Mitternacht, wenn der 26. Dezember und die zweite Rauhnacht beginnen. Der Sieg des Lichts wird dann um Mitternacht mit dem Beginn des 6. Januar gefeiert. Danach fängt wieder das Alltägliche an, das ganz normale Leben in all seiner bunten Vielfalt.

Einige beginnen »ihre« Rauhnächte bereits mit dem 21. Dezember und beenden sie dann entsprechend früher. Es gibt unterschiedliche Zählweisen, um auf zwölf Nächte zu kommen. Sie können hier so variieren, wie es für Sie stimmig ist.

Das Loch in der Zeit

Dass es diese Zeit außerhalb der Zeit gibt, wird oft damit begründet, dass sich irgendwann in der Geschichte der alte Mond- und der jüngere Sonnenkalender begegneten.

Mit beiden allein lässt sich leben, aber treffen sie aufeinander, wird deutlich, dass in ihnen das Jahr unterschiedlich lang ist. Um diese Lücke auszugleichen, vereinbarte man »Aus-Zeiten« – etwa Karneval oder eben die Rauhnächte. In diesen Zeiten ist nichts so wie sonst. Es gelten andere Regeln. In den Rauhnächten spürte man etwas ganz Besonderes: Die Tore zur Anderswelt, zur Welt der Geister und Götter, der Mythenwesen und Sagenkräfte öffneten sich weit und entließen ihre Bewohner auf die Erde. Dort herrschten dann nicht nur Dunkelheit und eisige Kälte, sondern auch unheimliche Kräfte, die die Herzen der Menschen prüften. Frau Holle schaute auf die Ordnung und belohnte und bestrafte wie im Märchen. Die Wilde Jagd, angeführt von Gott Wotan, fegte übers Land und suchte nach verlorenen Seelen. Mit Trompetenschall, dem Gekläff und Geheul wilder Tiere und furchterregendem Sturmgebraus ängstigte sie viele Menschen. Die zogen sich in ihre Behausungen zurück und konzentrierten sich auf das Licht, das bald wieder erstarken würde.

Aber auch all die freundlich-wohlmeinenden Kräfte waren unterwegs und standen den Menschen mit Rat und Hilfe zur Seite. So verwundert es nicht, dass die Rauhnächte seit alters eine Zeit sind, die zum Orakeln und zur Zukunftsschau einlädt. Man nahm ganz bewusst mit den Energien außerhalb des Alltäglichen Kontakt auf, um sich über das weitere Leben zu orientieren und persönliche Fragen und Anliegen zu klären.

Alte Bräuche

Über die Zeit entstanden aus dem alten Wissen um die Jahreszyklen und die mythologischen Weisheiten viele Bräuche um die Zeit zwischen den Jahren. Da sind beispielsweise die Perchtenmasken, schaurige Larven, die in dieser Zeit insbesondere bei Umzügen getragen werden und den Leuten einen gehörigen Schrecken einjagen. Vor allem aber sollen sie dunkle Kräfte und »böse Geister« in die Flucht schlagen.

Andere Bräuche betreffen das persönliche Verhalten: So sollte während dieser zwölf Tage und Nächte keine Wäsche gewaschen und keine sonstige Arbeit verrichtet werden. Allerdings sollte zuvor alles in Ordnung gebracht werden, damit das alte Jahr in Frieden gehen konnte. Bei wem sie Unordnung vorfand, den bestrafte die ebenfalls umherziehende Frau Holle.

Während die Räder stillstehen sollten, war Zeit für besinnliches Beisammensein. Der Jahreszeit entsprechend gab es draußen für die traditionell überwiegend ländliche Bevölkerung ja auch tatsächlich kaum etwas zu tun. So saß man beisammen, erzählte sich Geschichten, ruhte sich vom anstrengenden Jahr aus und versuchte den geistigen Sphären ein paar Informationen über das kommende Jahr abzulauschen. Viele Orakelbräuche gehören in diese Zeit. Mit ihnen versuchten junge Mädchen, das Gesicht oder den Namen des zukünftigen Liebsten herauszufinden, Frauen ging es häufig um Fragen zu anstehenden Schwangerschaften und Geburten und den Bauern allgemein um das Wohl von Familie, Vieh und Ernte. Bis heute orakeln wir in den Rauhnächten. Es ist eines der hervorstechendsten Merkmale dieser Zeit – und unsere Fragen an die höheren Mächte unterscheiden sich von den früheren letztlich nur graduell.

Eine heilsame Chance für uns heute

Gemächlich Tag um Tag in der Wohnstube beisammensitzen, dem Wind draußen oder den Geschichten des Großvaters lauschen und geduldig auf den Neuanfang im Licht warten – das passt nicht mehr in unsere Zeit. Bei uns ticken die Uhren schneller, die Erlebnisdichte ist um ein Vielfaches höher als vor 100 oder 300 Jahren. Wir heute haben unendlich viele Möglichkeiten, unser Leben zu gestalten. Es wird zugleich viel von uns gefordert, und nicht selten fühlen wir uns wie Gejagte. Viele Möglichkeiten, das heißt nämlich auch: viel Verantwortung. Viel erleben, viel haben, viel reisen können, das heißt meist auch: viel leisten, viel organisieren, viel bedenken.

Zeit für Muße und Genuss

In diesem Spannungsfeld tut es gut, sich an die alten Zeiten anzulehnen und sie auf moderne Weise neu zu beleben. Die Rauhnächte bieten uns die Chance auf ein paar Tage, an denen wir zwischendurch mal stehen bleiben, innehalten und unser Leben neu betrachten. Sie erlauben uns, uns zurückzulehnen, Abstand zum Alltag zu bekommen und unser Sein auf der Erde wieder einmal von Herzen zu genießen, indem wir all das neu entdecken, was uns Freude macht: sich auf einem Spaziergang vom Wind durchpusten lassen und sich anschließend in einem Café oder in der Badewanne bei Kerzenschein wieder aufwärmen, mit der Familie backen und spielen, einfach nur auf dem Sofa sitzen und dem eigenen Atem lauschen, während vielleicht die Katze auf unserem Schoß schnurrt. So viel Einfaches und zugleich Schönes ist in dieser Zeit »außerhalb der Zeit« möglich.

Natürlich bewegt sich unser Alltag weiter, wir sind auch über die zwei Wochen um den Jahreswechsel eingespannt und gefordert. Und doch geben Natur und sogar auch Gesellschaft jetzt eine andere Schwingung vor, der wir folgen können: eine ruhigere, gelassenere, gemütlichere. Wenn wir sie nutzen, haben wir sogar die Chance, die Weichen, auf denen unser Lebensfahrzeug rollt, ein wenig nachzujustieren.

Rauhnächte und Resilienz

Dieses moderne Schlagwort aus der Psychologie wollten wir unbedingt mit in dieses Buch aufnehmen, um zu zeigen, wie zeitgemäß die Rauhnächte sind. Als Resilienz wird die Fähigkeit bezeichnet, mit inneren und äußeren Störungen umzugehen. Wir alle sind als Personen – ebenso wie Familien, Projekte, Unternehmen und die Gesellschaft – unzählbaren Einflüssen ausgesetzt, auf die wir reagieren müssen. Aufgaben, Gefühle, Streit, verspätete Züge, Verliebtheit, erkrankte Kinder, Anrufe, Viren auf dem PC oder im Bluttest, Steuererklärung – Tausenderlei muss von uns verarbeitet werden.

Wie jedes System schwanken wir unter den Anforderungen. Wir können sie aber immer wieder gut ausgleichen, wenn unsere Resilienz ausreichend entwickelt ist. Genau dies aber braucht beständig Zeiten der Stille, des sinnlichen Genießens, des Seele-Baumeln-Lassens, der rein lustvollen Kreativität. Dieser Gegenpol zum aktiven Schaffen und Leisten ist unverzichtbar, damit unser Körper-Geist-Seele-System resilient bleibt oder wieder wird. Und genau dies können uns bewusst durchlebte Rauhnächte bieten.

Auch wenn es nicht der Stress ist, der uns plagt, sondern eine andere Dysbalance – mit ein bisschen Auszeit, liebevoll gestaltet, kommen wir leichter wieder ins Gleichgewicht.

Was gibt uns Kraft?

Wodurch gewinnen wir Energie? Was ist es, was uns auftanken lässt und wodurch wir immer wieder in die Balance kommen? Sicher gehört Folgendes dazu:

- Pause, Ausspannen, Zulassen, dass sich Körper und Geist regenerieren
- Freude, Sinnlichkeit, Genuss
- Miteinander, Liebe, Lachen
- Inspiration, neue Ideen
- Zuversicht, Lust auf die Zukunft, Lust auf Neues

Eine Zeit wie die »zwischen den Jahren« bietet uns die Gelegenheit, sich vermehrt um diese schönen Seiten des Lebens zu kümmern.

Neue Kraft fürs neue Jahr

Man kann die Rauhnächte als Urlaub nutzen. Man spannt aus, genießt, tankt auf und geht gestärkt zurück in den Alltag. Das echte Plus erhält diese Zeit, wenn Sie auch ihre Besonderheit nutzen, die quasi in der Luft liegt: das Innehalten der Zeit zwischen altem und neuem Jahr, dieser einladende Raum zum Reflektieren, Nachdenken, Nachspüren, bei dem es jetzt viel Unterstützung aus geistigen Sphären gibt. Dieses freundliche Angebot des Kosmos anzunehmen, kann Ihnen sehr viel Kraft geben. Und die trägt Sie, geschickt genutzt, bis weit hinein ins neue Jahr.

Eine weitere Besonderheit der Rauhnächte ist es nämlich, das seit alters jede der zwölf Nächte einem Monat des kommenden Jahres entspricht. Es lohnt sich daher, zwölfmal zu lauschen und zu beobachten, welche Energie, welches Thema wesentlich sind – sie könnten es dann auch im nächsten Jahr sein. Und nicht nur das: Unterstützende Kräfte, die wir bereits während der Rauhnächte kennenlernen und verinnerlichen, bleiben dann auch während des Jahres an unserer Seite.

Zwölf Nächte als Abbild eines ganzen Jahres

Das Kommende vorbereiten. In dieser Stimmung verbringen wir die Zeit um den Jahreswechsel ganz unwillkürlich. Wir schließen ab, was noch abgeschlossen werden will. Wir rufen noch mal an, wen wir lange nicht gesprochen haben. Und vielen ist es ein Bedürfnis, alten Streit beizulegen und sich wo nötig zu entschuldigen. Das neue Jahr soll rein beginnen – ein leeres Blatt, auf dem das Leben mit frischen klaren Farben malen kann.

Da wir in den zwölf rauhen Nächten bereits einmal symbolhaft durch den Kreis des neuen Jahres wandern, können wir dieses nächste Jahr damit ganz bewusst vorbereiten. Sie werden im Buch dafür noch viele Möglichkeiten kennenlernen. Ein vielgestaltiger Weg ist auf jeden Fall der Kontakt zur Anderswelt.

Der Überblick

Jede Rauhnacht entspricht einem Monat des kommenden Jahres:

Erste Rauhnacht	25. 12.	Januar
Zweite Rauhnacht	26. 12.	Februar
Dritte Rauhnacht	27. 12.	März
Vierte Rauhnacht	28. 12.	April
Fünfte Rauhnacht	29. 12.	Mai
Sechste Rauhnacht	30. 12.	Juni
Siebte Rauhnacht	31. 12.	Juli
Achte Rauhnacht	01. 01.	August
Neunte Rauhnacht	02. 01.	September
Zehnte Rauhnacht	03. 01.	Oktober
Elfte Rauhnacht	04. 01.	November
Zwölfte Rauhnacht	05. 01.	Dezember

Echter Tapetenwechsel – die Anderswelt erleben

Die Tore zur Anderswelt stehen weit offen – das sagt man traditionell über die Rauhnächte. Die Zeit lädt daher dazu ein, sich von den unterschiedlichsten Stimmen inspirieren und auf neue Pfade des Wahrnehmens und Denkens locken zu lassen. Vielleicht kommen sie von gar nicht so weit her, sondern machen sich einfach aus dem eigenen Bauch bemerkbar – unsere Intuition, das Bauchgefühl, dem wir jetzt mehr Raum geben. Vielleicht sind wir bei einem Spaziergang besonders offen für das, was uns ein alter Baum oder ein Fluss sagen wollen. Oder wir orakeln mithilfe eines Tarotdecks, dem I Ging oder den Runen, um Antworten auf unsere Lebensfragen zu bekommen. Sich nicht alltäglichen Wahrnehmungsweisen und Beratern zu öffnen, beschenkt uns auf jeden Fall mit ungewöhnlichen und neuartigen Einsichten.

»Was ist mir wirklich wichtig?«

Diese Frage hat im Alltag oft keinen Raum. Jetzt aber finden wir leichter die Gelegenheit, sie uns zu stellen und den Antworten zu lauschen, die sich aus unserem Inneren melden. Zu wissen, was man will, setzt viel Energie frei. Wenn das Herz für das schlägt, was wir tun, wenn es uns in Freude versetzt, unser Potenzial zum Erblühen bringt, uns euphorisiert – dann erleben wir unsere ganze Kraft. Dann gelingen die Dinge leichter. Wir sind in unserem Element.

Täglich ein bisschen »Anderszeit«

Zeit finden, Raum schaffen

Auch Genießen und Entspannen wollen geplant sein. Zumindest ist es hilfreich, sich vorher zu überlegen, was man will. Ferien machen und viel erleben? Ein bisschen zur Ruhe kommen, faulenzen, ausruhen? Sich ab und an Zeit nehmen, um über das Gewesene zu reflektieren und das Neue vorzubereiten?

Wenn Sie klären, was Ihnen wichtig ist, ist die Chance größer, dass Sie auch tatsächlich dazu kommen. Sie wollen auftanken – dann brauchen Sie Leerräume und müssen vielleicht den einen oder anderen Termin absagen und dürfen sich insgesamt nicht zu viel vornehmen.

Wann ist »Ihre Zeit«?

Vor allem, wenn Sie etwas zur Ruhe kommen und über Ihr Leben reflektieren möchten, ist es gut, sich dafür vorab Zeiten zu überlegen. Sie könnten sich vornehmen, sich jeden Morgen oder jeden Abend für zehn Minuten oder eine halbe Stunde aus dem Alltagsgeschehen herauszunehmen: Zeit für Sie selbst. Zum Meditieren, Orakeln, Nachdenken – was auch immer Sie möchten.

Oder Sie verabreden sich für zwei oder drei Abende komplett mit sich selbst, an denen Sie sich ganz bewusst fragen, was Sie sich vom nächsten Jahr wünschen, was für Sie ansteht. Das können Sie auch sehr gut gemeinsam mit Ihrem Partner oder einer Freundin tun.

Kraftorte

Besondere Zeit, besonderer Ort. Sie könnten sich für die Phase der Rauhnächte auch einen Kraftplatz wählen. Vielleicht ein Fleckchen im Park oder eine bestimmte Stelle in einer Kirche oder im Gelände eines historischen Gebäudes wie eines Schlosses. Suchen Sie sich etwas aus, das Ihnen richtig gut gefällt und nicht zu weit von Ihrem Zuhause entfernt ist, sodass Sie es regelmäßig aufsuchen können.

Zu diesem Platz gehen Sie dann ab und zu, um sich einfach nur wohlzufühlen. Sie verinnerlichen die Energie, die Ihnen dort guttut, entspannen sich und lauschen darauf, ob Ihnen der allmählich vertrautere Platz etwas »zuraunen« oder ob Ihnen Ihr eigenes Inneres etwas mitteilen möchte. Sie können sogar gleich mit der Frage dorthin gehen: Was ist das Thema der heutigen Rauhnacht und des entsprechenden Monats im kommenden Jahr für mich? Worum geht es? Was ist wichtig? Notieren Sie sich Ihre Antwort in ein Tagebuch – ein Wort, ein Bild, eine Stimmung. Selbst wenn Sie sie nicht gleich verstehen: Wenn der zugehörige Monat da ist, kann es spannend und hilfreich sein, dort noch mal nachzulesen.

Auch in Ihrer Wohnung kann Ihr »Kraftort« liegen. Vielleicht eine Wohlfühlecke im Wohnzimmer, der Lieblingssessel oder die Badewanne. Laden Sie diese Plätze so richtig auf mit positiver Energie, gestalten Sie sie hübsch – und genießen Sie es, wenn Sie sich dort gemütlich niederlassen, um »zu sich zu kommen«.

Räuchern – alte Rauhnächtetradition

Der Begriff »Rauhnacht« hat unter anderem mit »Rauch« zu tun, dem Rauch, mit dem man böse Geister vertreiben und freundliche einladen kann. Seit alters räuchert man in dieser Zeit die Stuben und Ställe mit wohlriechenden Kräutern und Harzen. Auch andere Kulturen wie die hinduistische oder der Schamanismus kennen dieses Räuchern. Und heutzutage entdecken es viele moderne Menschen wieder für sich. Es macht einfach Freude, tut gut – und es wirkt.
Sie können Salbei nutzen wie die indianischen Schamanen, Beifuß oder Wacholder – diese Kräuter reinigen den Raum und das eigene Energiefeld. Mit Weihrauch, Zeder oder Styrax öffnen Sie sich für die geistigen Sphären. Und Koriander, Kiefer oder Rose entspannen und sorgen für eine ausbalancierte, positive Stimmung.

Kraftvolle Begleiter

Zwischen den Jahren sind wir meist mit unseren Familien vereint, laden Freunde ein, wir treffen einfach die Menschen, die uns etwas bedeuten. Mit ihnen gemeinsam feiern wir, entspannen wir, tauschen wir uns darüber aus, wie wir unser Leben gerade empfinden und was wir uns für die Zukunft wünschen.

Sehr schön ist es, sich darüber hinaus eine Begleitung anderer Art für die Rauhnächte zu suchen: Wesen aus der geistigen Welt stehen dafür sehr gern zur Verfügung, oder aber Sie gestalten sich einen Kraftgegenstand, der mit Ihnen ist und Sie stärkt.

Krafttiere, Lehrer, Engel …

Wer sich ein wenig mit dem Schamanischen auskennt, kann sich während der besonderen Zeit der Rauhnächte von einem Krafttier oder einem geistigen Lehrer begleiten lassen. Dann wäre beispielsweise der 21. Dezember der perfekte Tag, um auf einer schamanischen Reise darum zu bitten, dass sich Ihnen der entsprechende Helfer zeigen möge. Vielleicht wissen Sie aber auch von vornherein, wer dies sein kann, weil Sie seine Bereitschaft spüren.

Auch einen Engel wie Ihren Schutzengel oder ein anderes geistiges Wesen, dem Sie vertrauen, können Sie bitten, Sie speziell während dieser zwölf Tage und Nächte zu begleiten. Sie könnten dann täglich für ein paar Minuten in die Verbindung zu diesem Wesen gehen, seine Energie genießen, sich in anstehenden Fragen beraten oder sich heilsame Impulse geben lassen.

Kraftgegenstände

Auch Objekte können die Rolle eines kraftvollen Begleiters sehr gut erfüllen. Vielleicht haben Sie Schmuck oder einen Halbedelstein, den Sie besonders mögen und mit dem Sie gut vertraut sind. Sie können aber auch einen

Kieselstein von einem Spaziergang mitbringen, einen Tannenzapfen oder einen Stock. Diese Objekte können Sie zu Hause bemalen – nach Lust und Laune. Oder Sie schließen zuvor die Augen und fragen in Ihr Inneres hinein: Welches Symbol gibt mir während der Rauhnächte Kraft? Warten Sie ab, was Sie wahrnehmen – ein Bild vielleicht, ein Wort, eine Idee. Bringen Sie das mit Farben auf den Stein oder den Stock. Sie müssen dabei keine künstlerische Höchstleistung vollbringen. Es geht einfach darum, dass dieses Artefakt für Sie persönlich eine spezielle Bedeutung und eine wohltuende Energie erhält.

Während der Rauhnächte geben Sie dann in Ihr Kraftobjekt alle gute Energie hinein, die Sie spüren. Wann immer Sie sich glücklich, erfüllt, dankbar, beseelt fühlen, nehmen Sie den Stein oder Stock, das Schmuckstück oder die kleine Engelfigur an sich und lassen durch Ihre Hände das positive Gefühl dort hineinfließen. Sie können es auch hineinhauchen oder über Ihr Herz hineinströmen lassen. Nach und nach lädt sich dieser kleine Talisman dann mit guten Schwingungen auf, die Sie noch lange über die Rauhnächte hinaus begleiten können.

Ein besonderes Geschenk der Kraft

Wenn es in Ihrem Umfeld gerade jemanden gibt, dem es nicht gut geht, können Sie ihm oder ihr einen solchen Kraftgegenstand am Ende der Rauhnächte auch schenken. Vielleicht geben Sie Ihren eigenen weiter, oder Sie bemalen gleich anfangs einen Stein mit einem Symbol der Heilung speziell für eine gute Freundin, mit einem Bild des Trostes für einen einsamen Verwandten oder einem stilisierten Krafttier für eine Kollegin, die Sie mutlos und erschöpft erleben.

Altes ziehen lassen

Zur Ruhe kommen und sich wirklich auf eine andere, gemächlichere und vielleicht sogar heilsame Schwingung einzulassen, das fällt gerade jenen Menschen nicht so leicht, die im Alltag häufig »unter Strom« stehen. Sie brauchen dann erst einmal eine ordentliche Wanderung oder eine richtig gute Komödie von der DVD, um Spannungen loszulassen und das Leben wieder sinnlich wahrnehmen und genießen zu können.

Wenn Ihnen das bekannt vorkommt: Nutzen Sie, was immer Ihnen (und Ihrem Umfeld) wirklich guttut. Tanzen Sie, kochen Sie, toben Sie mit Ihren Kindern durch die Wohnung, lachen Sie, werfen Sie den Ballast bei einem Handballspiel mit Freunden von sich. Erst wenn Sie halbwegs entspannt sind, können Sie tatsächlich auftanken und »sich besinnen«.

Ordnung schaffen

Wenn der Jahreswechsel ansteht, brauchen wir meist keine mahnenden Hinweise von Frau Holle, dass wir in unserem Leben noch etwas aufräumen sollten. Wir tun es gern, um Altlasten loszuwerden und dem Neuen einen würdigen Start zu geben. Vielleicht bringen wir noch eine Fuhre Verbrauchtes zum Wertstoffhof, sammeln eine Kiste Dinge für den nächsten Flohmarkt zusammen oder schreiben in unser Tagebuch all das als Erinnerung auf, was im zu Ende gehenden Jahr schön und gelungen war. Wir finden einen Abschluss.

Ein kleines Ritual zum Jahresabschluss

Manchmal liegen uns noch emotionale Lasten auf der Seele – ein noch nicht ganz beigelegter Streit, eine unschöne Erfahrung mit Freunden oder in der Familie oder eine Dysbalance am Arbeitsplatz. Solche Themen lassen sich mit einem Ritual ausgleichen. Sie können es an einigen Rauhnächteabenden in Abwandlungen wiederholen. Es muss dabei überhaupt nicht lange dauern und kann dennoch sehr tief wirken.

Sie setzen sich in Ruhe hin und nehmen ganz bewusst Verbindung zum Göttlichen auf, wie immer es sich für Sie erspüren lässt. Stellen Sie sich vor, dass ein göttlicher Funke zu Ihnen herabsteigt – und wenn er in Sie hinein- und durch Sie hindurchgegangen ist, entzünden Sie eine Kerze. Betrachten Sie sie. Spüren Sie dabei, dass es auch in Ihrem Inneren ein Licht gibt, Ihr Lebenslicht, der göttliche Funke in Ihnen. Genießen Sie es, so in Ruhe dazusitzen und sich mit diesem Licht, dem äußeren wie dem inneren, verbunden zu fühlen.

Nun nehmen Sie eine zweite Kerze, die als Stellvertreter für eine Person steht, die Sie lieben und schätzen – vielleicht Ihr Kind, Ihr Vater oder Ihr Partner. Entzünden Sie diese zweite Kerze an der ersten. Betrachten Sie beide Lichter, spüren Sie, dass Sie beide Lichter in Ihrem Herzen tragen.

Beim nächsten oder übernächsten Mal, wenn Sie dieses Ritual machen, nehmen Sie die zweite Kerze als Stellvertreter für jemanden, mit dem Sie im Streit liegen, der Sie verärgert hat oder den Sie einfach nicht mögen. Oder Sie betrachten sie als Symbol für eine schwierige Situation, die Sie im vergangenen Jahr meistern mussten und die Sie noch immer etwas belastet.

Atmen Sie in Ruhe weiter, beobachten Sie die Kerzenlichter und versuchen Sie, Ihr Herz für beide Flammen zu öffnen. Bleiben Sie mit dem göttlichen Licht verbunden, das in Ihnen ebenso wie in beiden Kerzen lebt. Mehr ist gar nicht zu tun. Sie brauchen dabei nichts zu wissen und nichts zu wollen.

Sie werden spüren, wann es so weit ist, dass Sie das kleine Ritual beenden, die Kerzen ausblasen und sich beim Göttlichen bedanken wollen. Beenden Sie Ihr Ritual so ganz in Ruhe.

Weise Botschaften

In der Tradition zählen die Rauhnächte zu den sogenannten Lostagen – klar bestimmten Tagen, die früher besonders gut für die Zukunftsschau geeignet waren. In der Dunkelheit und kargen Kälte dieser Zeit hatte man ein umso größeres Bedürfnis danach, einen Blick auf das Kommende zu erhaschen. Würde es gut weitergehen? Würde die nächste Ernte reichlich werden? Würde es friedlich bleiben?

Zudem wusste man, dass in dieser Zeit die Tore zur Anderswelt offen standen – also befragte man die geistigen Wesen, die sich nun vermehrt auf der Erde tummelten, um Rat. Wetterregeln, Bauernregeln, Orakelkarten kamen zum Einsatz – und gerade Letztere erfreuen sich auch heute großer Beliebtheit.

Ihre Begleiter geben gern Rat

Wenn Sie sich Begleiter für die Rauhnächte gewählt haben, können auch sie Ihnen Hinweise auf zukünftige Tendenzen geben. Fragen Sie das Krafttier, den Engel oder auch den Stein oder die geschnitzte Figur, was sie als bedeutsam für Sie ansehen. Dabei geht es nicht darum, die Zukunft vorherzusagen. Die gestaltet sich ja erst von Moment zu Moment. Es geht eher darum, zu erkennen, worauf man selbst achten und welchen Themen man sich selbst zuwenden sollte, um Erfüllung zu finden.

Die Natur »schauen«

Wenn Sie einen Rat wünschen, eine Frage auf dem Herzen haben oder einfach neugierig sind, welche Tendenzen Ihnen das neue Jahr bringen wird, können Sie auch ganz einfach die Natur betrachten. Sie gehen mit Ihrer Frage im Sinn durch einen Park oder durch einen Wald, durch eine Landschaft – und schauen, was Ihnen die Natur antwortet. An der Stimmung der Umgebung können Sie viel ablesen, und vielleicht fällt Ihr Blick auch auf etwas Ungewöhnliches, das zu Ihnen »spricht«. Sie können auf diese Weise bewusst jeden Tag eine Botschaft für die aktuelle Situation, aber auch für die Stimmung des damit verbundenen Monats im kommenden Jahr erhalten.

Natürlich geht das auch in der Stadt und sogar direkt von Ihrem Zuhause aus: Sie können sich beispielsweise jeden Morgen oder Abend ans Fenster stellen und die Atmosphäre erspüren. Was sagt Ihnen die Stimmung draußen über diesen Tag? Was assoziieren Sie damit für den zugehörigen Monat?

Klassische Orakel

Vielleicht kennen und verwenden Sie bereits eines der traditionellen Orakel. Oder Sie nutzen den Freiraum, den Ihnen die Rauhnächte bieten, um eines näher kennenzulernen. Es dürfte kaum eine bessere Gelegenheit geben.

Große Arkana: Hinter jeder dieser 22 Karten, den Hauptkarten des Tarot, verbirgt sich ein ganzes Universum an Deutungen, Bedeutungen und Weisheiten. Der Narr mit der Zahl 0 bewegt sich in 21 Stufen durch einen umfassenden Entwicklungs- und Einweihungsweg. Genauso wie wir es tun können, wenn wir uns der Tiefe des Tarot öffnen.

Es ist schon beinahe eine moderne Tradition geworden, in jeder Rauhnacht eine Karte aus den Großen Arkana zu ziehen, sich davon berühren und inspirieren zu lassen – und sich dann auch während des entsprechenden Monats mit diesem Urbild auseinanderzusetzen. Sie können dann seine Bedeutung in einen Bezug zu den aktuellen Umständen Ihres Lebens und zu dem, was Sie im Inneren bewegt, setzen – inneres Wachstum garantiert.

Den Moment erspüren

Bevor Sie »in die Zukunft schauen«, nehmen Sie sich doch einen Moment für die Gegenwart. Setzen Sie sich auf einen Sessel oder Ihr Sofa und halten Sie inne. Tun Sie nichts weiter, als sich im Zimmer umzuschauen. Das ist Ihr Lebensraum, in diesem Moment. Spüren Sie Ihren Körper, wie er dasitzt und atmet. Dieser Körper, der Sie in diesem Leben trägt und für Sie da ist und für den Sie sorgen, für den Sie da sind. Werden Sie sich der Fülle bewusst, die Ihr Leben ausmacht, einfach in diesem Moment, in dem Sie dasitzen und schlichtweg sind. Von diesem Punkt aus gehen Sie weiter, von diesem jetzigen Moment aus geschieht alles Weitere.

- **Tarot insgesamt:** Auch das gesamte Deck der 78 Tarotkarten lässt sich selbstverständlich nutzen – ganz gleich, welche Ausgabe Sie wählen.

- **I Ging:** Das chinesische Weisheitsbuch »I Ging« verrät seine Botschaften, nachdem mithilfe von Münzen oder – etwas langwieriger – Stäben ein Hexagramm ermittelt wurde. Sechs waagerechte Linien, durchgezogen oder unterbrochen, die sehr bildhaft gedeutet werden.

- **Runen:** Das alte germanische Orakel braucht etwas Übung – vielleicht ist gerade das jetzt richtig für Sie? Dann nehmen Sie sich die Zeit, sich mit dem magischen Alphabet unserer Vorfahren bekannt zu machen.

Individuelle Orakel

Es gibt mittlerweile eine solche Vielzahl an Kartensets zum Orakeln auf dem Markt, dass wir sie bereits zu den »individuellen« Orakeln zählen möchten: Krafttierkarten, Engelkarten, Elfenkarten, Baumkarten und so weiter und so fort. Da haben Sie die große, freie Auswahl, von wem Sie sich in Ihren Anliegen inspirieren lassen wollen.

Natürlich laden Beschreibungen zu den einzelnen Karten dazu ein, schnell nachzulesen, welche Bedeutung sie haben. Vor allem aber das Hineinspüren, das Eintauchen in das Bild, das freie Zulassen eigener Assoziationen bringen häufig genau die Botschaft zum Vorschein, um die es für Sie individuell geht. Und wenn ein Wesen auf der Karte ist, können Sie sich mit ihm natürlich ebenso verbinden, wie Sie es ohne Karten mit einem Krafttier oder Engel tun. Sie können sich im Geiste mit ihm treffen und unterhalten, und Sie können seine Schwingung oder seine Eigenheiten erspüren, die Ihnen vielleicht gerade jetzt etwas sagen möchten. Sie können in Ihrer Vorstellung in seine Welt reisen, durch die Landschaft auf der Karte wandern, einfach eine andere Welt kennenlernen, die auch die Ihre ein wenig wandeln wird.

Überdies sind Sie frei, sich eigene Karten ganz nach Ihren Wünschen zu gestalten:

- Beispielsweise mit **Affirmationen**, also kraftvollen, positiven Sätzen, die das aussagen, was Sie sich für Ihr Leben wünschen.

- Sie können **Qualitäten** notieren, die Sie erstrebenswert finden: Güte, Gelassenheit, ansteckende Lebensfreude, Mut. Und dann ziehen Sie aus denen für jede Rauhnacht eine – und kümmern sich im entsprechenden Monat ein wenig darum, diese Qualität in sich zu entwickeln.
- Oder Sie gestalten ein Kartenset mit **Yogapositionen**, **Mudras** und/oder **Jin-Shin-Jyutsu-Haltungen** und vertiefen sich dann in diese heilsamen Angebote, je nachdem, welche Karte Sie gezogen haben.

Ein Familienritual zum Jahreswechsel

Wir alle kennen das Bleigießen, bei dem wir uns anhand des erhitzten und dann ins Wasser geworfenen Bleis ein Bild vom kommenden Jahr machen. Wir haben hier ein etwas anderes Ritual für Sie, zu dem Sie die ganze Familie, Freunde und Nachbarn einladen können. Sie brauchen dazu eine geschützte Feuerstelle.

Jeder, der aktiv teilnehmen möchte, muss sich ein wenig vorbereiten: Auf ein Stück Papier schreibt er nämlich etwas, was er mit dem zu Ende gehenden Jahr gern verabschieden möchte. Das kann eine unliebsame Eigenheit sein, die er nicht mehr leben möchte. Es kann auch eine beendete und ausreichend betrauerte Beziehung sein, die nun tatsächlich losgelassen werden soll. Oder Sie verabschieden Ihre Neigung, zu viel zu arbeiten, weil Sie nicht Nein sagen können. Mit diesem Zettel erscheinen dann alle am Feuerplatz. Wer nichts aufschreiben will, kann sich auch ein Stöckchen suchen und die Energie dessen, was er nicht mehr in seinem Leben haben möchte, dort symbolisch hineingeben.

Wenn das Feuer entzündet ist, kann einer nach dem anderen seinen Zettel oder sein Stöckchen hineinwerfen. Wer mag, sagt dazu laut, wovon er sich löst. Jeder aber sollte es im Bewusstsein haben, wenn er das Objekt mit der entsprechenden Energie der Kraft des Feuers zur Transformation übergibt. Möglicherweise möchte jemand diesen Teil der Zeremonie mit einer Rassel oder Trommel begleiten, oder Sie singen ein Kraftlied.

Sind alle alten Energien verbrannt, können Sie diesen Moment gemeinsam feiern, indem Sie singen oder klatschen. Danach stehen wieder alle stumm um das Feuer und blicken hinein. Jeder fragt sich nun im Stillen: »Was sagt mir dieses Feuer über mein kommendes Jahr?«

Beobachten Sie die Glut, die Flammen, den Rauch oder auch die zum Himmel hinauffliegenden Funken. Was spricht zu Ihnen? Was schenkt Ihnen ein Bild für Ihre nähere Zukunft? Was assoziieren oder empfinden Sie angesichts dieses Feuers? Wenn Sie Ihre Antwort wahrnehmen, verinnerlichen Sie sie ganz tief, um sie wirklich in sich zu spüren und für alles Weitere nutzen zu können. Ob Sie sie rational verstehen, ist dabei zweitrangig. Das Gefühl, die intuitive Empfindung wirken bereits.

Lassen Sie das Feuer herunterbrennen, bedanken Sie sich bei seiner transformierenden Kraft und verlassen Sie den Platz erst, wenn alles sicher ist. Wenn Sie möchten, können Sie sich am Ende alle gemeinsam darüber austauschen, was Sie an Impulsen für das kommende neue Jahr mitnehmen.

Kraftkonserven für das neue Jahr

Alles, was Sie während der Rauhnächte erleben, tragen Sie in sich. Um es sich aber tatsächlich nutzbar zu machen, lohnt es sich, ihm auch äußerlich eine Gestalt zu geben. Die wird Sie dann immer wieder an Ihre Kraft erinnern. Wenn Sie sich einen Stein oder einen anderen Gegenstand zum Begleiter durch diese Zeit gewählt haben, haben Sie bereits einen Anker geschaffen, der auch in den kommenden Monaten »einsatzbereit« ist. Eine Art Talisman, ein Artefakt, das die Kraft enthält, die Sie unterstützt, stärkt und erfreut. Auch Ihr Kraftplatz ist natürlich weiterhin für Sie da und lädt sich weiter mit positiver Energie auf, wenn Sie ihn auch über die Rauhnächte hinaus besuchen.

Tagebuch

Auch ein Tagebuch, das Sie während der Rauhnächte führen, kann Sie als Kraftanker durch das Jahr begleiten. Sie können darin Ihre Gedanken und Stimmungen, Naturbeobachtungen, Themen und Einsichten, Orakelergebnisse und Ähnliches notieren. Es ist oft erhellend, über das Jahr hinweg dann bei dem Tag nachzulesen, der dem aktuellen Monat entspricht. Außerdem kommen Sie beim Lesen wie von selbst erneut in das Gefühl der entspannten und vielleicht auch dankbaren Betrachtung Ihres Daseins. Und das gibt neue Kraft, neue Freude, neue Zuversicht.

Das Jahresmandala

Was nicht fehlen darf beim Thema Kraftkonserven ist das Jahresmandala: eine Collage oder ein Bild, das all das enthält, was Ihnen während der Rauhnächte Kraft oder Orientierung gegeben hat. Sie können es frei gestalten, oder Sie unterteilen die Fläche in zwölf Segmente und ordnen jedem Ihre Kraftquellen für die entsprechenden Monate zu: Krafttiere, Affirmationen; Bilder von Yogapositionen, Vorhaben und Wünsche – alles, was Sie während der einzelnen Rauhnächte als wichtig und hilfreich für diesen Monat erhalten haben. Geben Sie diesem Werk einen Platz in Ihrer Wohnung, von wo aus es Sie im neuen Jahr kraftvoll mit seiner guten Schwingung unterstützen kann.

13 Wünsche

Die Lieblingsübung der meisten Leser unseres ersten Rauhnächtebuches war und ist »13 Wünsche für das kommende Jahr«. Sie ist ganz einfach – und bringt Freude, Klarheit und darüber hinaus auch Kraft für das Neue. Sie schreiben dazu zu Beginn der Rauhnächte, also vor Weihnachten, 13 Wünsche, die Ihnen für das kommende Jahr wichtig sind, auf kleine Zettelchen. Sie falten die Zettel und stecken Sie in ein Beutelchen oder eine kleine Box. In jeder Rauhnacht ziehen Sie dann eines der Zettelchen, verbinden sich mit der geistigen Welt oder den Kräften, die Sie als heilig und wohlwollend mächtig empfinden, und verbrennen den Wunsch, ohne ihn noch einmal gelesen zu haben. Sie übergeben ihn damit den höheren Kräften, die sich bitte um seine Erfüllung sorgen mögen. Am 6. Januar, zum Ende der Rauhnächte, werden Sie einen Zettel übrig haben. Machen Sie es sich ein wenig feierlich, wenn Sie ihn entfalten und den Wunsch lesen. Es wird der Wunsch sein, um dessen Erfüllung Sie sich im kommenden Jahr selbst kümmern sollten.

Gutes für die Erde

Diese schöne Praxis haben wir nun noch etwas abgewandelt, weil sie uns in dieser neuen Weise besonders zeitgemäß erscheint: Sie notieren Wünsche, die etwas Gutes und Heilsames für die ganze Erde bewirken. Dazu schreiben Sie beispielsweise: »Möge das Wasser auf der

Erde auch in Zukunft rein, klar und Leben spendend sein.« Falls dieser Wunsch am Ende übrig bleibt, können Sie in den nächsten Monaten vermehrt auf Ihren Umgang mit Wasser achten, mit anderen darüber ins Gespräch kommen, Petitionen unterstützen oder immer dann, wenn Sie einen Bach oder Fluss überqueren, ein kleines Gebet für die Reinheit des Wassers auf der Erde aussprechen. Nicht zuletzt werden Sie bemerken, wie gut es sich anfühlt, wenn wir die eigene Achtsamkeit auf etwas richten, was dem Ganzen zugutekommt.

Oder Sie schreiben auf: »Ich wünsche mir, dass die Menschen mit ihren Körpern gut umgehen, sie gut nähren und auf eine gute Nahrungsmittelqualität achten« – und haben dann eventuell ein Jahr lang die Möglichkeit, den Fokus auf Ihren eigenen Körper und eine genussvolle, genau zu Ihnen passende Ernährung zu legen. Ähnlich, wenn Sie sich Frieden wünschen: Was können Sie in Ihrem Umfeld dafür tun, wo können Sie Menschen und Situationen gegenüber friedvoller sein?

Mit dieser kleinen Übung bemerken Sie schon beim Aufschreiben der Wünsche, dass Großes und Kleines eng miteinander verwoben sind. Sie beginnen, bewusst im Kleinen etwas zu verändern, was Sie sich auch für das große Ganze wünschen. Das wird Ihnen guttun – und der Welt. Und natürlich können Sie bei Ihren Wünschen auch Privates und Globales mischen – bei 13 Stück ist Platz für alles.

Nach und nach wird es licht

Hier noch eine weitere schöne Möglichkeit, sich selbst ohne großen Aufwand und im Bewusstsein einer tieferen Bedeutung durch die Rauhnächte zu begleiten. Ähnlich einem Adventskranz können Sie sich im Vorfeld etwas kaufen, zusammenstellen oder selbst basteln, das nicht vier, sondern zwölf Kerzen fasst. Das kann ein großer Kerzenständer sein, oder Sie kombinieren vier Adventskränze. Oder Sie gestalten sich ein Tischchen, auf das Sie Zweige von Nadelgehölzen mit einem Schmuck Ihrer Wahl verzieren und die zwölf Kerzen hineinplatzieren.

Während der Rauhnächte gönnen Sie sich dann jeden Abend einen Moment der Ruhe, setzen sich – vielleicht gemeinsam mit Ihren Lieben – zu den Kerzen und zünden jeden Abend eine weitere an. Am ersten Abend brennt ein einziges Licht. Sie können sich mit ihm verbinden und es auch in Ihrem Herzen spüren. Ein kleines Zeichen in der Dunkelheit. Nach diesem Miniritual löschen Sie die Kerze. Am nächsten Abend entzünden Sie sie erneut und eine zweite dazu. So wird es von Tag zu Tag heller. Während Sie parallel dazu immer mehr zu sich kommen, Kräfte tanken und neue Visionen entwickeln. Ihre Lebensfreude wächst mit dem Licht.

Wenn Sie möchten, fotografieren Sie Ihren Rauhnächtelichterkranz am 6. Januar voll erleuchtet und geben Sie dem Bild einen schönen Platz in Ihrer Wohnung oder auf Ihrem Jahresmandala. Vielleicht als zentrale Mitte?

Zwölf Nächte,
zwölf Monate,
zwölf Phantasiereisen

In zwölf Nächten durchs ganze Jahr

Dieses Kapitel bietet Ihnen zwölf Phantasiereisen, die Sie ganz entspannt vor Ihrem inneren Auge ablaufen lassen, während Sie bequem im Sessel sitzen. Die Landschaften, in die Sie dabei gelangen, die Wesen, denen Sie dabei begegnen, all das nimmt Ihr Gehirn für bare Münze. Denn auf einer außeralltäglichen Ebene passiert es ja tatsächlich. Und die guten Gefühle, die Sie beim inneren Reisen empfinden, sind auch wirklich da. Ebenso wie die Erkenntnisse, die Sie dabei haben, oder die intuitiven Einfälle.

Am schönsten ist es für die meisten wahrscheinlich, die Reisen gemeinsam mit der Familie oder guten Freunden zu unternehmen. Dann kann sie einer vorlesen, und Sie können sich völlig in das Geschehen, das sich in Ihrem Inneren entfaltet, fallen lassen. Sie können die Texte aber auch ein paar Mal lesen – schon dabei tauchen Sie intensiv in die Stimmung ein – und sich dann aus der Erinnerung auf die Reise begeben. Leichter ist es, wenn Sie sich den Text mit ruhiger Stimme auf Ihr Handy sprechen und sich dann von der Aufnahme anleiten lassen. Außerdem gibt es alle zwölf Reisen auf einer CD.

Wohin wird gereist?

Die Reisen, die hier versammelt sind, führen Sie durch die zwölf Rauhnächte. Jede gehört zu einer Nacht. Sie orientieren sich thematisch an den zwölf Monaten, zu denen diese besonderen Nächte ja gehören – die erste zum Januar, die zweite zum Februar und so weiter. Genau an diesem Tag werden sie dann am besten auch unternommen, und natürlich später im Jahr wieder.

Im Jahreskreis begegnen uns bekanntermaßen unterschiedliche Stimmungen, die die Jahreszeiten und damit auch die Monate färben. Wir haben dafür unserer Intuition nach zwölf grundlegende Qualitäten herausgefiltert – und zu genau denen führen die hier versammelten Phantasiereisen. Sie alle bergen damit Kräfte, die auch zu unserer menschlichen Natur gehören und beim Reisen wachgerufen werden.

Zwölf grundlegende Qualitäten

Die Monate sind natürlicherweise von unterschiedlichen Qualitäten geprägt, die Sie auch in den Rauhnächten spüren können.

Winter Dezember – Weisheit Januar – Stille Februar – Frieden	**Frühling** März – Aufbruch April – Neugierde Mai – Strategie
Herbst September – Intuition Oktober – Ernte November – Dankbarkeit	**Sommer** Juni – Aktivität Juli – Gesellschaft August – Fülle

25. Dezember, die Rauhnacht für den Januar

Die Rauhnächte haben begonnen. Mit dem Heiligen Abend, der Heiligen Nacht ist es still geworden. Herrschten zuvor vielerorts noch Aufregung und Hektik, ist nun eine heilige Stimmung zu spüren, Besinnlichkeit, Einkehr – etwas ganz Besonderes erfüllt die Welt. Die Zeit hält den Atem an, so scheint es.

Um Mitternacht beginnen offiziell die Rauhnächte. Es kann der Moment für Sie sein, sich ganz bewusst mit der Energie der nun anbrechenden »Zwischenzeit« zu verbinden. Ein kurzes Innehalten im Wissen darum, dass jetzt die Zeit beginnt, in der Sie besonders fürsorglich zu sich selbst und Ihren Bedürfnissen und Wünschen sein wollen. Ein Moment der Besinnung auf die höheren Kräfte des Lebens, die Sie begleiten und unterstützen, wenn Sie das wollen. Ein Augenblick, in dem Sie alles Alte, »Gewöhnliche«, Alltägliche von sich abschütteln und sich auf die fruchtbare Zeit des Ungewöhnlichen, Nichtalltäglichen einstimmen. Ein Moment der großen, heilsamen Stille.

Die Qualität der Zeit: Stille

Im Zyklus des Jahres steht der Januar, dem diese erste Rauhnacht entspricht, für die Stille. Kalt ist es draußen, und Pflanzen, Tiere und Menschen haben sich zurückgezogen. Eine tiefe Stille überzieht das karg daliegende Land. Vielleicht knirscht der Schnee unter unseren Füßen, wenn wir spazieren gehen. Vielleicht knackt das Eis auf dem See. Doch über allem liegt eine unendlich weite Stille. Das Leben macht Pause. Oder ist es in eine tiefe Meditation versunken?

Für Momente ganz in diese Stille einzutauchen und sie damit auch in uns selbst zu entdecken, das kann diese erste Rauhnacht zu einer nährenden Erfahrung machen. Ja, es beginnt tatsächlich etwas anderes, etwas Neues und Tragendes.

Phantasiereise: Stille

Setze oder lege dich entspannt hin und schließe deine Augen. Stell dir vor, du gehst von da aus, wo du jetzt bist, hinaus in die Kühle der Natur. Du lässt dein Haus hinter dir und gehst immer weiter dahin, wo Weite und Freiheit locken. Sie rufen in dir eine große Freude wach, die Freude, einfach zu gehen und deine Schritte in die Welt hineinzusetzen. Du kannst die Frische der Luft wahrnehmen und gehst immer weiter, bis dorthin, wo die Häuser aufhören. Vielleicht siehst du Felder oder leere, verschneite Wiesen. Kalt ist es und öd, und doch liegt ein großes Versprechen in der Luft.

Du bist warm eingepackt in deiner Kleidung und gehst mit kraftvollen Schritten deinen Weg. Du fühlst dich wohl dabei, in Bewegung zu sein, schreitest über die harte Erde unter dir und nimmst die klare Luft um dich herum wahr. Während du so gehst, findest du ein angenehmes Tempo, mit dem sich dein Körper und dein Kreislauf gut fühlen. Du nimmst den Weg unter deinen Füßen wahr und folgst ihm hinaus in die Weite.

Ein kalter Wind bläst dir entgegen, zieht an deinen Haaren oder an deiner Mütze. Du hörst ihn pfeifen und johlen. Und gleichzeitig merkst du, dass er dich reinigt. Du wirst richtig durchgepustet. Der Wind nimmt alles mit, was du nicht mehr brauchst. Er zupft an deinem Mantel, deinem Schal. Er löst alle Spannungen von deinem Körper ab und nimmt alles mit sich, was von der

Vergangenheit noch auf dir lastet. Du musst gar nicht wissen, was genau es ist, was sich jetzt von dir löst. Du genießt es einfach, dass der Wind dich durchpustet und dich ganz unbeschwert werden lässt. In deiner Freude an der Bewegung läufst du einfach weiter. Dankbar nimmst du die reinigende Kraft des Windes wahr, während Schritt um Schritt der gefrorene Boden unter deinen Füßen knirscht.

Langsam kommt die Dämmerung auf, du folgst weiter dem Weg unter deinen Füßen, neugierig, wohin er wohl führen mag. Der Wind hat sich verabschiedet, das Gehen ist leicht und beschwingt geworden.

Mit der sinkenden Sonne wird es dunkler. Die Farben rings umher verblassen. Fasziniert von der Veränderung des Farbenspiels schaust du dich um. Wie sich der Baum, der Weg doch verändern! Mit dem Verschwinden des Lichts bleiben bald nur noch Schattierungen zwischen Grau und Schwarz übrig. Du folgst dem Weg, der einige Kurven macht. Schaust auf die sich wandelnden Farben – wie viele unterschiedliche Töne doch Grau haben kann! Auch die Bäume zeigen jetzt nur noch ihre freundlichen Konturen.

Wieder biegst du um eine Kurve, und plötzlich verändert sich das Grau. Unmerklich erst, fast nur als ein Ahnen schimmert da ein blasser Schein von einem gelblichwarmen Licht auf. Das Leuchten wird stärker, während du weitergehst. Der Weg bekommt wieder klarere Konturen, und nach der nächsten Biegung wird es deutlich: ja, ein gelbgoldener Lichtschein.

Voll freudiger Erwartung beschleunigst du deine Schritte, und nach einer weiteren Kurve siehst du in der Nähe den Schein, der aus einem Felsspalt hervorbricht. Warm, golden und leuchtend dringt das Licht hervor, als käme es aus einer offenen Tür.

Voller Begeisterung nimmst du diesen wunderbaren Schein wahr, dieses goldene Schimmern, das dich magisch anzieht. Du stellst dich hinein in diesen Schein und lässt dich von dem warmen Licht durchfluten, das aus dem Felsspalt dringt.

Du siehst, dass du ganz leicht eintreten kannst – durch diesen Felsspalt ins Innere des Berges, aus dem das Licht kommt. Langsam und bedächtig gehst du hinein, dem goldenen Schein folgend. Du betrittst eine große weite Höhle, über und über umgibt dich nun das helle, warme, Leben spendende Licht. Alles ist golden, schimmernd und strahlend. Es gibt nichts außer diesem Leuchten, dieser wohligen Wärme. Die Decke leuchtet und funkelt, alle Wände strahlen, selbst der Boden unter deinen Füßen ist goldenes Licht.

Es ist keine Lichtquelle vorhanden, alles strahlt aus sich selbst heraus. Staunend stehst du da, magisch berührt vom Zauber dieses goldenen Raumes. Eine wohltuende Wärme breitet sich in dir aus, Stille und tiefe Ruhe. Alles ist Leuchten, alles ist Strahlen, alles ist Licht.

Und alles ist Stille, so wie du ganz still geworden bist im Lauschen auf das Wunder um dich herum. Nichts trennt die Stille in dir von der Stille dieses lichten Raumes. Du bist Stille, du bist Leuchten, du bist Licht. Hier in diesem Strahlen hast du dich gleichsam aufgelöst und bist doch ganz du selbst. Berührt nimmst du die Schönheit der Stille wahr, mit der du vollkommen eins geworden bist. Mit einem tiefen Atemzug verinnerlichst du diese Erfahrung. Du spürst dich in dieser lichten Stille als Teil des Ganzen und bist doch ganz du selbst.

Mit einem weiteren Atemzug wirst du dir nun bewusst, dass du dich wieder auf den Heimweg machen solltest. Du kennst jetzt den Weg und kannst jederzeit wieder hierher zurückkommen. Du wendest dich um, und wie von Zauberhand hingemalt liegt der Weg wieder vor dir, genau abgezeichnet im dämmrigen Licht. Erfüllt von der magischen Stille machst du dich auf den Rückweg, folgst den Kurven des Weges und lässt Bäume und Sträucher hinter dir. Du gehst in Ruhe und Stille. In sehr kurzer Zeit liegt dieser Weg hinter dir, und du findest dich wieder bei den verschneiten Feldern und in der vertrauten Landschaft. Du näherst dich deinem Ausgangspunkt, und wenn du dort angekommen bist, atmest du ganz bewusst in deinen Körper hinein. Du spürst dich angekommen in deinem Körper, in deinem Zimmer. Und du spürst weiterhin diese nährende und tragende Stille in deinem Inneren.

26. Dezember, die Rauhnacht für den Februar

Die zweite Rauhnacht, der zweite Weihnachtsfeiertag. Idealerweise herrschen heute Ruhe und Frieden und noch immer eine feierlich-freudige Stimmung. Um diese zu vertiefen, können Sie die folgende Phantasiereise unternehmen. Vielleicht zusammen mit Ihrer ganzen Familie: Alle setzen sich am Nachmittag auf das Sofa, während ein Feuer im Kamin behaglich knistert oder das Wohnzimmer noch nach Kaffee duftet. Alle kuscheln sich gemütlich in ihren Sitz und schließen die Augen. Einer liest vor – und los geht die Phantasiereise zu einem Gefühl von tiefem Frieden.

Die Qualität der Zeit: Frieden

Genau dieses Gefühl passt nach unserem Empfinden für den Jahreskreis zum Monat Februar, der als zweiter Monat des Jahres der heutigen zweiten Rauhnacht entspricht. Es ist in unseren Breiten meist die kälteste Zeit im Jahr überhaupt – und was könnte da besser sein, als sich ganz ins eigene Innere zurückzuziehen und sich dort dem inneren Frieden hinzugeben? Er weiß, dass wir uns selbst ebenso vertrauen können wie den Zyklen des Lebens. Die Samen für das Neue bereiten sich im Verborgenen bereits ganz friedvoll auf ihre bevorstehende Wachstumsphase vor.

Phantasiereise: Frieden

Setze oder lege dich entspannt hin und schließe deine Augen. Stell dir vor, du sitzt im Zug und schaust aus dem Fenster. Du siehst die Schneeflocken tanzen, die Landschaft ist weit in den Hintergrund gerückt. Mehr und mehr Flocken erfüllen die Luft, ein richtiges Schneegestöber bahnt sich da draußen an, während du warm und gemütlich in deinem Sessel sitzt.

Die Dämmerung draußen ist grau und kühl. Du kuschelst dich behaglich noch etwas tiefer hinein in deinen Sitz. Weiße Flocken wirbeln an deinem Fenster vorbei und ziehen in großer Geschwindigkeit vorüber. Dem Wind folgend fliegen sie dahin.

Draußen ist es dunkel geworden, der Flockentanz lässt dich angenehm müde werden. Dieses Wirbeln des Schnees draußen führt dich mehr und mehr zu dir selbst. Du sinkst ganz behaglich in deine inneren Welten hinein. Gleichmäßig rattert der Zug über die Gleise, und die Vibrationen versetzen dich in einen angenehmen dämmrigen Zustand. Die wohlige Wärme macht dich etwas schläfrig.

Wenn du aus dem Fenster schaust, siehst du den Tanz der Schneeflocken, und zugleich siehst du im Spiegelbild dein Abteil. Undurchdringlich ist das Gewirr der Schneeflocken draußen, während du behaglich hier sitzt.

Im Spiegelbild der Scheibe erkennst du, wie Menschen an deinem Abteil vorbeigehen. Aufrecht gehende Menschen, zarte Menschen, kräftigere, manche etwas langsam, andere schnell. Möglicherweise hörst du Stimmen, eher ein Gemurmel, denn mehr erreicht dich an deinem ruhigen, entspannten Platz am Fenster nicht.

All diese Menschen scheinen irgendwohin zu wollen. Manche kommen dir vielleicht bekannt vor, aber das ist dir im Moment in deiner Behaglichkeit gleichgültig. Der Schnee wirbelt durch die dunkle Landschaft, die du längst nicht mehr sehen kannst. Genauso wenig nimmst du die Menschen bewusst wahr, die vorbeigehen. Und doch gibt es in dir ein Erkennen, ein Gefühl von Zugehörigkeit.

Irgendwie fühlt sich diese Reise an wie eine gelungene und erhabene Erfahrung. Wie du hier sitzt und ruhst, wie der Zug rattert. Die Menschen wandern vorbei, es ist so, als würdest du sie kennen, sie sind wie ein Segen, der dich erreicht. Innere Zuversicht berührt dich wie ein glückliches Ahnen.

Rattern, Mahlen – das einschläfernde Geräusch des Zuges führt dich immer tiefer zu Ruhe und Entspannung. Langsam fallen dir die Augen zu, und dein Atem wird ruhig und gleichmäßig. Still wird es um dich herum, und du sinkst tief hinein in dein Innerstes, bist ganz mit dir verbunden.

So wundert es dich nicht, dass der Zug anhält und du den Wunsch hast zu schauen, wo du angekommen bist. Du begibst dich aus deinem Abteil, kommst auf den Gang hinaus. Du gehst weiter, wenige Schritte weiter, da spähst du durch eine Tür und siehst dich der Unendlichkeit des Kosmos gegenüber. Nichts trübt diese Weite, das endlose Universum, hier liegt es vor dir.

Nach und nach nimmst du die grenzenlose Weite des Weltalls wahr, die Atmosphäre von Einheit, von Frieden. Unendlich sanft und weit breitet sich der Kosmos im Dämmerlicht vor dir aus. Millionen von Sternen funkeln in der Grenzenlosigkeit. Welch ein Raum! Welch eine Weite! Weit hinein in die Unendlichkeit reicht dein Blick. So weit dein Auge reicht, ein Lichtermeer. Voller Frieden, unendlichem Frieden.

Du siehst die malerische Harmonie des Funkelns all der Sterne und Galaxien. Das Universum strahlt eine unfassbare Harmonie aus, und du nimmst die Schwingung des All-Einen in dich auf, friedvoll in schwebender Leichtigkeit. Jeder Stern leuchtet und strahlt irgendwo da draußen. So viel Leben! Und gleichzeitig ist da dieses Schweigen, das die friedvolle Atmosphäre erschafft. Du spürst ein unendlich wohltuendes Gefühl des Angekommenseins. Du spürst dich selbst friedvoll, ruhig und ganz da.

Dieses Angekommensein macht dein Herz glücklich. Es nährt und beseelt dich, eines von Millionen Lichtern zu sein. Ein ebensolches Funkeln. Du bist ein Teil des großen Ganzen und doch du selbst. Mit einem Atemzug vertiefst du diese Erfahrung des unermesslichen Friedens. Du spürst dich als Teil des Ganzen und bist doch ganz du, so wie du bist.

Dieser Frieden, den du spürst, ist dir vertraut. Du selbst bist dieser Frieden, den du rings um dich herum spüren kannst. Erfüllt von diesem Frieden des Universums atmest du. Atmest frei und mühelos, anstrengungslos, im Frieden mit dir und der ganzen Welt.

Du spürst in dich hinein. Wie leicht du dich fühlst! Wie einfach Leben ist! Du spürst die Ruhe und die Wärme und nimmst sie ganz tief in dir wahr. Du spürst den behaglichen Sitz, der auch deinen Rücken stützt. Du bemerkst, dass du wieder im Sessel sitzt, der Zug rattert durch die Nacht. Schwaches Licht um dich herum, Spiegelbilder in der Fensterscheibe.

Bald wirst du ankommen und zurückkommen in deine Alltagswirklichkeit. Langsam bereitest du dich darauf vor, wieder in deinem Körper anzukommen. Du spürst wieder, wie du sitzt oder liegst. Du bemerkst, wo du dich gerade aufhältst, welche Geräusche oder Gerüche um dich herum wahrnehmbar sind.

Nach und nach dehnst und streckst du deinen Körper, und vielleicht ist der Frieden in dir noch immer spürbar wie ein inneres Lächeln. Dieser Frieden, das friedliche Funkeln der Sterne wird dich begleiten, wenn du nun in deinem eigenen Tempo die Augen öffnest, um wieder ganz da zu sein. Da zu sein, wo du deinen Platz im Leben hast. Da zu sein, wo du mit anderen Menschen bist, die genau wie du mit dem großen friedvollen Funkeln verbunden sind.

27. Dezember, die Rauhnacht für den März

Aufbruch ist heute das Thema. Weihnachten ist vorüber, und auch wenn insgesamt alles etwas gemütlicher bleibt, fangen für viele heute wieder die Regeln des Alltags an zu greifen. Ob das für Sie zutrifft oder nicht: Lassen Sie sich möglichst nicht gleich wieder in den Trott des Gewöhnlichen oder gar Stressigen bringen. Wagen Sie den Aufbruch nach den Feiertagen auf Ihre Weise, setzen Sie, wo Sie können, eigene Regeln.

Diese Rauhnacht entspricht dem Monat März, der diesen Aufbruch ebenfalls zeigt. In ihm liegt die Tag-und-Nacht-Gleiche und damit der Punkt, ab dem das Licht wieder mehr Zeit eines jeden Tages beherrscht als das Dunkel. Morgens ist es bereits sehr früh hell, abends bleibt es länger licht. Je nach Witterung beginnen die Vögel wieder zu zwitschern – und sie tun es, damit das Leben weitergeht, damit sie sich paaren und für Nachwuchs sorgen können.

Auch wenn es draußen vielleicht noch kalt oder sogar verschneit ist, im März spüren wir, dass das Neue vor der Tür steht. Die Zeit des Winterschlafs ist vorbei, Sonne, Vögel und bald auch die neu sprießenden Pflanzen wecken uns auf, machen uns wieder so richtig lebendig und wollen von uns, dass wir den ewigen Tanz des Lebens mit ihnen feiern.

Phantasiereise: Aufbruch

Setze oder lege dich entspannt hin und schließe deine Augen. Stell dir vor, du liegst wohlig warm und behaglich in Decken eingehüllt in einer Höhle. Wie ein Bär im Winterschlaf liegst du eingemummelt und verschlafen da, genüsslich schlummernd. Dein Körper ruht schwer und warm auf dicken Decken, er ist angenehm eingesunken in die weiche Unterlage. Dein Atem geht ruhig und gleichmäßig. Ein ... und aus ... ein ... und aus ... Du döst und träumst, schläfst und nickst, du genießt diese herrliche, grenzenlose Ruhe.

Gerade willst du dich noch einmal auf die andere Seite drehen, und als du den Kopf wendest, spürst du ein sanftes, warmes Licht auf deinen Augenlidern. Es ist so weich und zärtlich, dass du den Kopf nun ganz in dieses Licht hineindrehst und mit geschlossenen Augen einfach nur seine Wärme genießt.

Zugleich wunderst du dich: Wo kommt denn jetzt auf einmal so ein schönes Licht her? Du liegst schon sehr lange hier in deinem Winterschlaf, aber niemals ist ein solches Licht zu spüren gewesen.

Aber du bist viel zu entspannt, um darüber nachzudenken. Du genießt es einfach, dieses warme, weiche Licht auf deinem Gesicht. Du lässt seine Wärme in alle Poren deiner Haut eindringen. Und auch deine Augen freuen sich unter ihren Lidern an dieser zarten, rötlichen Helligkeit. So wärst du schon beinahe wieder weggedöst, als in einiger Entfernung ein Gesang ertönt. Das süße, kunstvolle Lied einer Amsel, die in der Morgendämmerung den Tag begrüßt. Deine Ohren sind mit einem Mal hellwach – sie lauschen und erfreuen sich an diesen herrlichen Tönen. Auch sie hat es sehr lange nicht gegeben, seit du in deiner Höhle schlummerst.

Was ist nur los heute? Dieses Licht und der Gesang – das ist so neu für dich. Und doch spürst du ein tiefes Erinnern in dir. Du kennst diese Zeit. Diesen Tag, an dem die Sonne zum allerersten Mal ihren morgendlichen Strahl in deine Höhle wirft. Ihre Bahn ist weiter geworden, länger die Zeit, die sie die Erde bescheint. Und nun hat sie deine Höhle erreicht. Es ist Zeit. Das Leben ruft dich zu einem neuen Tanz.

Und so rekelst und streckst du dich ausgiebig, strampelst die vielen Decken fort, unter denen du dich verborgen hattest. Du gähnst und stöhnst, bewegst und drehst dich im Liegen zu allen Seiten. Herrlich!

Der Körper ist bereit. Du spürst, wie sich deine Glieder, deine Muskeln und Gelenke, deine Knochen und Sehnen, die Organe und alle Sinne neu beleben. Freude durchströmt dich – das Leben geht weiter. Es beginnt neu an diesem Tag, an dem die Sonne dich erreicht hat.

Langsam öffnest du deine Augen, die sich erst an das Licht gewöhnen müssen. Ringsumher sind die Höhlenwände in ein sanftes Orange getaucht. Die zarte Verheißung eines neuen Tages.

Bald haben sich deine Augen an das Licht gewöhnt, und du blickst zum Höhleneingang: Orangerot geht am Horizont die Sonne auf. Eine Welle des dankbaren Staunens ergreift dich. Still schaust du hinüber zu diesem herrlichen, Leben spendenden Schauspiel.

Du richtest dich auf und trittst hinaus vor deine Höhle. Dort setzt du dich auf einen Stein und schaust einfach über die Landschaft, die sich bis an den weiten Horizont vor dir ausbreitet. Alles ist in kräftige Farben getaucht, Wälder, Felder, ein Fluss, ein paar Teiche, vielleicht ein paar Dörfer, eine Stadt. Und über allem das immer lauter werdende Konzert der Vögel, ein Himmelszelt voller zwitscherndem Gesang.

Alles lockt dich hinaus, lockt dich hinein ins Leben. Es ist soweit. Die Ruhephase ist beendet. Du spürst neue Kraft in dir, die Reservetanks in deinem Inneren sind aufgefüllt. Und Freude breitet sich in dir aus. Freude auf neue Erfahrungen, neue Begegnungen, neue Abenteuer, neue Lehren, die dich das Leben lehrt.

Du blickst dich in der näheren Umgebung um. Es gibt mehrere Wege von hier weg zurück ins Leben. Einen wirst du wählen. Wohin wird er dich führen? Du kannst es erahnen, wissen kannst du es nicht.

Da spürst du ein leises Zögern. Wird es dir gelingen, dieses neue Jahr gut zu gestalten? Wirst du die Aufgaben, die auf dich warten, gut meistern können? Wirst du mit denen, die dir lieb und teuer sind, in Frieden und Harmonie sein können, in gegenseitiger Unterstützung? Während du etwas unsicher zögerst, fällt dir ein, dass es immer Hilfe gibt. So viele Möglichkeiten kennt das Leben, dir zu helfen, dich zu stützen oder sogar ein Stück zu tragen.

Und während du dich fragst, was dir wohl in diesem Jahr am meisten helfen könnte – fällt etwas in deinen Schoß: ein Tannenzapfen vielleicht oder ein Steinchen. Du schreckst aus deinen Gedanken auf. Wo kam das denn jetzt her? Von oben? Von da drüben? Von der anderen Seite?

Da siehst du, wie sich dir jemand freundlich lächelnd nähert: ein Tier vielleicht. Oder eine menschliche Gestalt? Oder ein Fabelwesen? Ein Engel oder eine Fee? Das Wesen grüßt dich herzlich: »Guten Morgen! Du wolltest mich kennenlernen?«

Ja? Wolltest du das? Da fällt dir ein, dass du dich gefragt hast, was dich in diesem Jahr besonders unterstützen wird. Das Wesen nickt, als hätte es deine Gedanken erraten: »Ja, ich bin gekommen, um dich zu begleiten. Du kannst mich immer um Rat oder um Hilfe bitten, wenn du das willst.«

Voller Freude dankst du diesem Wesen. Vielleicht sagt es dir auch noch seinen Namen oder gibt dir eine Botschaft mit auf deinen Weg. Den kleinen Gegenstand, den es dir zugeworfen hat, verankerst du tief in deinem Herzen. Und so brichst du nun ausgeruht und voller Zuversicht auf, voller Freude auf das neue Lebensjahr.

28. Dezember, die Rauhnacht für den April

Sind Sie neugierig, was Ihnen die Rauhnächte alles noch bescheren werden – an Einsichten, Freude und Muße, an neuer Kraft? Neugierde ist die Qualität, die den April ausmacht, der zu dieser vierten Rauhnacht gehört. Der Frühling hält in diesem Monat endgültig Einzug. Die ganze Natur entfaltet sich neu – bunt und laut, prächtig und selbstbewusst. Die Phantasiereise, die dazu passt, etabliert in Ihnen die besondere Kraft der Neugierde. Oder sie verstärkt sie, wenn Sie zu den Glücklichen gehören, die ihre kindliche Entdeckerfreude am Leben nie verloren haben. Voller Neugierde ins Neue zu starten, das ist bereits der halbe Erfolg.

Phantasiereise: Neugierde

Setze oder lege dich entspannt hin und schließe deine Augen. Stell dir vor, du bist draußen in einer schönen Landschaft. Du spazierst über die Felder, vorbei an einem Wald, in einiger Entfernung siehst du ein paar Dörfer liegen. Vor dir ist dein Weg, und du folgst ihm, freudig, leicht. Du bist neugierig, wohin er dich führen wird.

Du gehst einfach weiter, nicht genau wissend, wohin. Doch deine Füße setzen Schritt um Schritt, federnd, schwungvoll, kraftvoll. Der Weg schiebt sich unter deine Füße. Du folgst ihm durch die Landschaft, durch diese schöne Gegend. Du bist neugierig, wo du auf dieser Reise hinkommen wirst. Ahnst du es? Neugierig, was du auf deinem Ausflug erfahren wirst? Hast du irgendeine Idee?

Du bist neugierig, ob es etwas ganz Neues zu erleben gibt. Etwas, das du noch nie gesehen, noch nie gehört, noch nie erlebt hast.

So gehst du immer weiter und in einiger Entfernung siehst du plötzlich eine Stadt auftauchen. Vielleicht kennst du sie schon oder du siehst sie zum allerersten Mal. Und ehe du dich versiehst, bist du bei der Stadt angekommen und siehst, dass sie von einer großen Mauer umgeben ist. Eine mittelalterliche Stadt.

Im Näherkommen siehst du ein Tor. Neugierig näherst du dich, du möchtest schließlich wissen, was sich hinter diesen Mauern verbirgt. In diesem Tor stehen zwei grimmig aussehende Wächter, und du hast das Gefühl, dass sie dich nicht hineinlassen wollen. Aber deine Neugierde ist stärker, und so gehst du näher heran.

Du musst einfach wissen, was es hinter diesen Mauern gibt, an Neuem, an Inspiration, an Erfahrung. An Menschen oder Tieren oder an irgendetwas, das du noch gar nicht kennst. So näherst du dich den beiden Wächtern und sagst ihnen geradeheraus, dass du unterwegs bist, um Interessantes zu lernen. Du bist unterwegs, um immer weiterzugehen, nicht, um stehen zu bleiben. Und siehe da, der eine lächelt bereits. Mit der Kraft deiner Neugierde kannst du sie tatsächlich überzeugen.

Schon lächeln dir beide zu, öffnen das Tor und wünschen dir weiterhin so viel Mut und so viel Freude auf deiner Entdeckungsreise. Und so kannst du durch das Tor hindurch und in diese Stadt hineingehen.

Schau sie dir nun an, diese Stadt, in die dich dein Weg geführt hat. Schau dir alles an, was es hier gibt. Die Häuser, die Straßen, die Gassen, die Menschen. Wie wirkt das alles auf dich? Die Bewohner dieser Stadt schauen auch dich an, auch sie sind neugierig auf dich.

Spüre, wie es ist, etwas zum allerersten Mal zu sehen. Zum allerersten Mal zu riechen, zu spüren. Welche Farben gibt es hier, welche Gerüche, wie ist die Stimmung?

Und so gehst du weiter, lässt dich treiben durch die Straßen und Gassen dieser Stadt. Du nimmst wahr – wie ein Kind. Und du kannst alles anfassen und ausprobieren, was du möchtest.

Während du so herumschlenderst, neugierig alles betrachtend und erforschend, spürst du mit einem Mal, dass dich irgendetwas ruft. Irgendetwas zieht dich mit einer ungeheuer starken Faszination zu sich. Schau dich um. Was ist es, was dich zu sich ruft? Es könnte ein besonderes Wohnhaus sein oder ein anderes Gebäude, groß wie ein Schloss möglicherweise. Vielleicht ist es auch eine kleine Hütte. Oder ein Gartenhäuschen.

Die Neugierde zieht dich wie magisch dorthin. Du setzt deine Schritte – und dann bist du da. Du stehst direkt vor dem Gebäude, in dem es irgendetwas für dich zu entdecken gibt. Wieder ist da eine Tür, durch die du hindurch musst.

Noch ist sie verschlossen. Was kannst du tun? Wie kommst du zu dem, was dich so angezogen hat, was dich inspiriert, was dich neu in Bewegung brachte? Schau dich um: Vielleicht gibt es hier irgendwo einen Helfer, ein kleines Krafttier oder einen Engel, der dir hilft, durch diese Tür zu kommen. Deine Neugierde lässt alle rufen, die dir helfen könnten.

Und so klappt es tatsächlich. Ehe du dich versiehst, öffnet sich die Tür, und du trittst hinein in eine neue Welt. Wieder eine Welt, die du noch nie gesehen hast und die du gern erkunden möchtest.

Du bedankst dich bei denen, die dir diese Tür öffneten, und machst dich auf, die Welt dahinter zu entdecken. Wieder gehst du umher, wieder schaust du dir alles an. Manches kommt dir vielleicht vertraut vor, oder ist dir alles hier völlig unbekannt?

Die Kraft der Neugierde lässt dich alles aufsaugen, was es hier zu sehen und zu erfahren gibt. Sie macht dich zu einem unerschrockenen Forscher, zu einem Menschen mit einem Ziel und großer Freude daran, dieses Ziel zu erreichen. Du willst entdecken und wissen, erfahren und erleben. Deine Neugierde schenkt dir so viele Bilder, sie gibt dir Farben, gibt dir Formen und Ideen. Und auch wenn du sie jetzt nicht alle fassen kannst, sie sammeln sich in dir.

Auf deinem Weg hinter dieser Tür kommst du nun zu einer Treppe. Du folgst ihr Stufe für Stufe nach oben. Erstaunlich, dass sie so lang ist! Stufe um Stufe geht es hinauf. Du kannst das Ziel nicht sehen, doch du gehst weiter, getragen von deiner Neugierde.

So kommst du schließlich oben an, trittst durch eine weitere, diesmal weit geöffnete Tür – und erblickst einen wundervollen Dachgarten. Grün und blühend. Weit und duftend. Herrlich!

Erstaunt blickst du dich um und dankst innerlich der Kraft deiner Neugierde, die dich an so wundervolle Plätze führt. Du hältst erfüllt inne und schaust dir alles an, was es hier gibt.

Plötzlich spürst du etwas hinter dir, wieder scheint es die pure Magie der Anziehung zu sein. Du drehst dich um und siehst wenige Meter vor dir einen wunderschönen Vogel. Sofort weißt du: Das ist ein Seelenvogel. Dein Seelenvogel.

Wie alte Bekannte begrüßt ihr euch freudig. Er lädt dich ein, dir etwas zu zeigen, und sehr neugierig folgst du ihm. Du weißt, dass er dich jetzt an dein Ziel führen wird. Dorthin, wo du ganz bei dir bist, vollständig angekommen.

Der Seelenvogel nimmt dich auf seinen Rücken. Und ihr fliegt in die Höhe hinauf, ihr verlasst diesen Dachgarten, verlasst die mittelalterliche Stadt, ihr fliegt über die Landschaft …

…und wenn du jetzt einen tiefen Atemzug machst, dann landest du direkt in deinem Körper. Dein Seelenvogel hat dich ganz zu dir gebracht. Du bist bei dir selbst angekommen. Staunend erlebst du dich wieder in deinem Körper. Ja, auch hier kannst du viel entdecken und erfahren. Du bist so froh über diese Reise, dass du deine Neugierde ganz tief in deinem Körper verankerst. Sie soll dich immer weiter tragen in diesem Leben.

Vielleicht ist dein Seelenvogel noch bei dir oder schon wieder davongeflogen. Ihr bleibt auf jeden Fall verbunden, und du kannst ihn jederzeit wieder in seinem wundervoll duftenden Dachgarten besuchen.

Spüre noch einmal die Kraft und die Magie der Neugierde in deinem Körper. Es ist deine Kraft. Atme dann tief ein und aus und komm wieder ganz und gar in deinem Alltag an.

29. Dezember, die Rauhnacht für den Mai

Wonnezeit Mai, dafür steht die heutige Rauhnacht. Am Wetter draußen wird sich das vielleicht nicht unbedingt zeigen. Doch sein Thema, die Strategie, könnte auch heute, am 29. Dezember, interessant sein. Mittlerweile sind Sie so richtig in der Phase »zwischen den Jahren« angelangt. Weihnachten ist längst vorbei, doch Silvester lässt noch auf sich warten. Diese Zeit ist weder alltäglich noch etwas wirklich benennbar Besonderes.

Wie wäre es, wenn Sie sich deswegen bewusst dafür entscheiden, aus ihr etwas Außergewöhnliches zu machen? Wenn Sie sie zu genau dem machen, was Sie sich jetzt wünschen, was Ihnen guttut? Die äußeren Umstände sind, wie sie sind. Vielleicht gehen Sie zur Arbeit, vielleicht haben Sie frei. Möglicherweise befinden Sie sich im Kreis Ihrer Familie, oder Sie sind allein. Doch in genau dem Rahmen, der Ihnen heute gesetzt ist, planen Sie das, was Sie freut.

Eine solche Strategie lohnt sich auch am Anfang des Naturjahres. Im Mai hat der Frühling dann auch in die verstecktesten Bergdörfer Einzug gehalten. Und jetzt lautet die Frage: Was stellen wir damit an? Zu viel Planung engt uns ein. Zu wenig aber kann dazu führen, dass wir gar nicht zu dem kommen, was uns wichtig ist. Wo liegt die Mitte?

Phantasiereise: Strategie

Setze oder lege dich entspannt hin und schließe deine Augen. Stell dir vor, die warme Maisonne scheint auf eine Wiese, die vor dir liegt. Die Blumen blühen in vielfältiger Pracht, und du hörst die Insekten schwirren.

Die Erde zeigt sich von ihrer farbenfrohen Seite und bringt in ihrer ureigenen Weise immer wieder Blumen, Bäume und viele andere Pflanzen hervor. Hat sie einen Plan? Hat sie ein bestimmtes Ziel?

Und du? Hast du einen Plan? Eine Strategie? Weißt du, was du mit der frischen Kraft des Frühlings tun willst? Weißt du um die Macht deiner Entscheidungen?

Strategie. Entscheidung. Wissen, was man will. Während dieser Worte taucht mit einem Mal ein Schachbrett aus der Wiese vor dir auf. Ein großes, schön gearbeitetes Brett mit sorgfältig geschnitzten Figuren in Weiß und in Schwarz. Das Spiel ist in vollem Gange – konzentrierte Stille liegt über dem Feld.

Staunend stehst du auf und gehst näher an das Schachbrett heran. Der weiße Turm setzt sich plötzlich in Bewegung. Die Stille verpufft. Stöhnen auf der schwarzen, erleichtertes Aufatmen auf der weißen Seite. Durchatmen. Und gleich wieder Stille und Konzentration. All die Figuren sind ganz in ihr Tun vertieft. Dir ist klar: Sie feilen an ihren Strategien, passen sie dem Geschehen stets neu an, variieren, probieren im Geiste die Möglichkeiten durch.

Plötzlich spürst du einen Blick auf dir. Der weiße Springer ist auf dich aufmerksam geworden. Mit seinem hübschen Pferdekopf schaut er zu dir herüber. Als sich eure Blicke treffen, grüßt er freundlich.

»Du willst mehr über Strategie erfahren? Ich kenne das Leben gut, als Pferd kenne ich die Natur, und als jahrtausendealte Spielfigur kenne ich die Menschen. Wollen wir eine kleine Reise machen? Ich finde ein wenig Abwechslung gerade ganz schön.«

Er wirft seinen Mitspielern ein kurzes »Bin gleich zurück« zu und schon steht er vor dir und bietet dir einen kleinen Sitz an seinem Nacken an. Du setzt dich, hältst dich an der üppigen, schimmernd weißen Mähne fest. Und als ob das alles noch nicht staunenswert genug ist, wachsen deinem Springerpferdchen Flügel. Schnee-

weiße, weite Flügel, die sich unter dir ausbreiten wie die Tragflächen eines Flugzeugs. »Startklar?«

Na, und ob!

Schnell habt ihr euch in die Lüfte erhoben. Du fühlst dich sicher auf deinem Sitz, freust dich am Flug und betrachtest staunend die Landschaft unter dir.

Ein Schnellzug taucht unter euch auf, und da bemerkst du die Gleise, die sich hier ihre Schneise durch einen Wald bahnen. Ihr begleitet den Zug aus eurer Höhe. Eure Entscheidung. Auf Schienen unterwegs zu sein, lässt hingegen wenig Wahl. Der Zug folgt den Gleisen. Erst an einer Weiche kann er wählen. So wie dort vorn, wo sich die Schienen kreuzen, gabeln, verdichten. Kurz vor einem Bahnhof sind es mit einem Mal sehr viele geworden. Jetzt ist es wichtig, dass der Zug die richtige Abzweigung erwischt.

Aber welche ist »richtig«?

Schon überfliegt ihr eine Stadt. Ein dichtes Straßennetz zeigt sich deinen Augen. Die Autos finden ihren Weg, in alle Richtungen laufen die ununterbrochenen Bänder der Wagen. Mal biegt einer ab, wechselt die Kolonne, schert aus und gliedert sich neu ein. Folgt das alles einem Muster? Einem Plan? Ist es ein Zufall, dass mal einer rechts und ein anderer links abbiegt?

Jeder folgt seinem eigenen Weg. Jeder weiß, wohin er möchte. Jeder findet auf seine eigene Weise seinen eigenen Weg in seinem eigenen Tempo.

Von hier oben kannst du all dem mit Ruhe und Gelassenheit zusehen. Alles, all die vielen Wünsche und Ziele formen sich vor deinen Augen zu einem großen Ganzen. Einem Muster aus Bewegung, mal langsam, mal hastig, mal freundlich, mal kantig. Schon liegt die Stadt hinter euch – und da taucht eine riesige Ebene vor euch auf. Eine grüne Weite, wie ein Nationalpark, den du aus dem Fernsehen kennst. Und schon kannst du auch eine dieser unfassbar großen Herden von Antilopen sehen. Körper an Körper an Körper galoppieren sie über das Land. Wie ein einziger riesiger Organismus, mal hierhin schwenkend, mal dahin. Wer lenkt? Wer steuert?

Und auch diese Bilder lasst ihr hinter euch. Dein Pferdchen möchte dir noch etwas anderes zeigen: Es weist dich auf einen Fluss hin, der gemächlich dort unten in der Sonne glitzert. Breit und würdevoll fließt er dahin.

Dann aber teilt er sich in zwei … und in drei … und in noch viel mehr Arme. Nach und nach entsteht ein ganzes Geflecht aus kleinen und größeren Flüssen, dicke und dünne, schnelle und langsame, träge und muntere. Ein Delta aus Flussläufen, sprudelnde, fließende Vielfalt.

Du kannst dich gar nicht entscheiden, welchem Lauf deine Augen folgen sollen. Hin und her springen sie, mal mit dem einen gehend, mal mit dem nächsten. Und plötzlich merkst du: Es ist gleichgültig. Vollkommen gleichgültig. Am Ende gelangen die Flüsse alle ins gleiche Meer. In das eine große Meer des Lebens.

»He, Springer, wo bleibst du?« Ein donnernder Ruf ertönt. Das war der weiße Turm vom Schachbrett. »Hier geht es um alles! Wieder einmal«, setzt kichernd der König hinterher. Und so tretet ihr den Rückflug an, seid im Nu zurück auf der Wiese mit dem Schachbrett. Alle Figuren stehen jetzt an anderen Plätzen. Und aus seiner erhöhten Perspektive sieht der Springer sofort, wo er landen muss. So kommt ihr wohlbehalten auf einem Spielfeld an.

Doch, ach, es ist zu spät. Die Weißen können nicht mehr gewinnen. »Schachmatt!«, tönt ein schwarzer Läufer mitten im Sprint. Traurig schaust du dein Pferd an. Doch es lacht: »Es ist ein Spiel! Das Leben ist ein Spiel. Wir alle hier probieren viele Möglichkeiten. Wir wählen – und mal läuft es gut, mal läuft es anders. So ist das Leben. Am Ende strömen wir alle in das gleiche Meer. Und wir hier – wir fangen eine neue Runde an. Alles ist gleich-gültig. Probier dich aus. Hab Spaß daran. Entscheide klug – und dann schau, was geschieht.«

Erstaunt bist du seinen Worten gefolgt. Ja, das Pferd hat recht. Welche Strategie du auch wählst, es ist deine Entscheidung. Du wirst Erfahrungen machen, wachsen, reifen, vielleicht sogar weise werden.

Du spürst, wie dich diese Erkenntnis entspannt und zugleich beflügelt. Und indem du sie tief in dein Herz nimmst, kommst du wieder zu dir in deinen Raum, in dem du sitzt oder liegst. Du öffnest die Augen und freust dich auf alles, was vor dir liegt.

30. Dezember, die Rauhnacht für den Juni

Während das alte Jahr nun allmählich und unwiderruflich zu Ende geht, wissen Sie, dass das neue das verlockende Potenzial hat, vielfältig, aufregend und genussvoll zu werden. Freuen Sie sich schon darauf? Haben Sie sich schon ausgemalt, was Sie alles tun und vielleicht auch erreichen wollen?

Die heutige Rauhnacht gehört zum Monat Juni, der Sommerzeit, in der vor allem eins das Leben bestimmt: Aktivität. Das Wetter erlaubt es uns meist, viel draußen zu sein, in der Natur, im Park, im Straßencafé. Jetzt haben wir Lust, uns zu bewegen, zu gehen, zu wandern, zu laufen. Ach, am liebsten würden wir ausgelassen herumtoben und uns atemlos lachend in unserer ganzen Lebendigkeit spüren!

Phantasiereise: Aktivität

Setze oder lege dich entspannt hin und schließe deine Augen. Stell dir vor, du liegst in einer grünen Wiese. Das Gras duftet, du schaust in den Himmel und genießt es, hier so zu liegen und zu träumen.

Plötzlich überrascht dich eine Musik. Flöten, Akkordeon, Trompeten – all das spielt in keiner großen Entfernung. Und das Stück kennst du doch! Das hast du doch als Kind im Zirkus gehört!

Du setzt dich auf – und traust deinen Augen kaum: Da steht ein großes buntes Zirkuszelt. Direkt vor dir auf deiner Wiese. Gerade siehst du noch, wie die letzten Artisten in ihren glitzernden Kostümen zwischen den gestreiften Zeltvorhängen in die Manege schlüpfen. Du hörst Kinderlachen und weiter diese rufende, lockende Musik. Das musst du aus der Nähe sehen!

Du gehst die paar Schritte hinüber zum Zelt und schlüpfst hinein in den Zuschauerraum. Die Gerüche von Tieren, Puder und Sägespänen erinnern dich an die Zirkuszauberwelt, die du aus deiner Kindheit kennst. Und wieder kommt dir dieses Abenteuer so vor wie eine Reise ins Wunderland. Schnell haben sich deine Augen an das Halbdunkel gewöhnt. Jetzt siehst du es alles ganz klar vor dir, das Außergewöhnliche, das Besondere, das Bizarre und Wundervolle, das ganz andere Leben.

Zirkuswelt, Wunderwelt, Traumwelt – hier ist alles möglich. Du bist vollkommen verzaubert durch die Musik, das glitzernde Licht, die Künstler in ihren schimmernden Kleidern. Du atmest das Flair der Andersartigkeit und zugleich fühlst du dich all dem sehr nahe.

Jetzt entdeckst du die Schlangenmenschen, die sich biegen und bewegen, als hätten sie keine Knochen. In magisch wanderndem Licht verknoten und entwirren sie sich wie in einem Tanz. Traumhafte Posen kraftvoll geschmeidiger Körper. Sie tragen und lassen sich tragen. Voller Vertrauen.

Auch dein Körper fühlt in sich den Tanz der Geschmeidigkeit, der vollendeten Kraft und Balance.

Und da, weiter hinten, balanciert eine zarte junge Frau leichtfüßig über ein Seil. So viel Grazie hast du noch nie gesehen und verwundert wiegst du dich mit ihr. Auf Händen gehend, Rad schlagend, Bänder schwingend – so hüpft sie grazil über das dünne Drahtseil. Du folgst ihrer Bewegung mit deinen Augen und mit allen Zellen deines Körpers, der in staunender Freude mit all dem hier mittanzt.

In großen Rädern rollen plötzlich bunt gekleidete Männer durch die Manege, drehen sich um die eigene Achse, drehen das Rad, drehen sich miteinander und wirbeln in sich beschleunigenden Spiralen umeinander.

Aber damit nicht genug, schon springen viele lustig anzusehende Akrobaten auf überdimensionalen Trampolins wild durcheinander. Sie springen hoch, tun so, als würden sie an einer Wand hinauflaufen und oben über ein Hindernis springen, auf der anderen Seite fallen sie wieder hinab. Wippend und wirbelnd, wie in einem Strudel – miteinander, übereinander, Kopfstand, Handstand, linksherum, rechtsherum.

Innerlich hüpfst du ein wenig mit ihnen mit. Die Leichtigkeit dieser Zirkuswelt nimmt dich mit auf eine spannende Reise der Möglichkeiten. Ausgelassen und ungestüm bist du nun selbst aktiv. Du kannst dir plötzlich vorstellen, eine Stange hinaufzuklettern, spektakulär abwechselnd mit den Armen und dann wieder mit den Beinen winkend. Freude aus den Reihen der Zuschauer braust dir entgegen. Und Freude empfindest auch du in deinem Körper.

Oder du hüpfst ungezügelt wie ein Gummiball durch die Manege, bald hierhin, bald dorthin. Vielleicht macht dir aber auch ein schaukelndes Seil mehr Lust auf Akti-

vität. Oder du balancierst auf einem Drahtseil? Ein Band, an dem du dich festhältst, wirbelt dich durch die Lüfte?

Artisten jonglieren mit Bällen, die du ihnen zuwirfst. Lachend sausen die bunten Flitzer durch die Luft, völlig wirr ist das Ganze anzusehen, doch mit kindlicher Freude bist du eingebunden in das Spiel der Phantasie, der stürmischen Welt der Magie. Einer Welt, in der scheinbar alles möglich ist. Jedes Drehen, Wirbeln, Springen, Rollen, Klettern. Jede Bewegung, jede Aktion, die der Körper erträumen kann, darf hier sichtbar gemacht werden.

Über dir in der Zirkuskuppel hängt das Trapez. Hast du Lust? Bist du so mutig, dort oben zu schaukeln? Trau dich und genieße die Schwerelosigkeit. Überall sind Spaß, Bewegung und Freude. Dein Körper kann ausgelassen alle Kunststückchen ausprobieren und sich voller befreiter Aktivität erleben.

So lange, bis er erst einmal müde geworden ist. Mit einem vielleicht etwas atemlosen Lächeln kommst du dann zurück. Du rekelst und dehnst dich, streckst dich und gähnst genüsslich.

Wie gut es ist, sich bewegen zu können, im Geist, im Bewusstsein und: mit dem Körper!

31. Dezember, die Rauhnacht für den Juli

Der letzte Tag des Jahres. Die Nacht vor dem Beginn des Neuen. Zumindest kalendarisch. Wer die Rauhnächte als solche bewusst durchlebt, weiß, dass es noch ein wenig dauern wird, bis sich für das Neue tatsächlich die Tore öffnen. Zum Feiern lädt diese Nacht aber auf jeden Fall ein. Vielleicht leise und besinnlich – oder aber in großer Gesellschaft, rauschend und wild. Wie im Juli auf Sommerfesten oder an Grillabenden ist es die Zeit der Begegnungen, des Miteinanders. Und auch dies kann tiefe Schichten des eigenen Seins mit einbeziehen, denn es hat Bedeutung, wer im Leben zu uns gehört, wer unsere Gesellschaft ist, auf wen wir uns in unserem Sein beziehen.

Phantasiereise: Gesellschaft

Setze oder lege dich entspannt hin und schließe deine Augen. Während du es dir ganz bequem machst, magst du dir vielleicht ein paar Menschen vorstellen, die dich wirklich sehr schätzen und mögen. So bist du ganz entspannt und hast möglicherweise Lust, dir zu überlegen, wie wohl das Gewand aussehen würde, das du am liebsten zu einem Fest mit diesen dir so lieben Menschen tragen würdest.

In Gedanken probierst du Stile und Farben durch, ganz wonach dir der Sinn steht. Du kannst deiner Phantasie freien Lauf lassen und vielleicht auch etwas Exotisches ausprobieren ... oder etwas Bequemes ... oder etwas in ganz sanften, zarten Farben ... Vielleicht ist es dir auch gleichgültig, denn die, die dich mögen, wissen, wer du bist, und das Äußere spielt gar keine Rolle.

Aber dennoch kann es Freude machen, etwas ganz besonders Festliches anzuziehen. Etwas Elegantes, Edles, einfach nur Schönes. Kannst du spüren, wie es sich anfühlt, solch ein Gewand zu tragen? Vielleicht gehst du darin sofort ein wenig aufrechter? Stolz und gemessen?

Noch während du so in deine Vorstellungen versunken bist, überlegst du, wie es wäre, wenn so ein großes Fest in einem Wald stattfinden würde. Und vor deinem inneren Auge tauchen gleich viele Bäume auf, alte und junge, große und kleine, Nadelbäume und Laubbäume, ein ganzer Wald. Und plötzlich kommt dir der ganz feine, würzige Geruch eines Feuers aus trockenem, abgelagertem Holz in die Nase.

Wo der Geruch wohl herkommt? Ach ja, da zwischen den Bäumen kannst du einen sanften Lichtschein entdecken. So gehst du einige Schritte, feuchte Erde und morsches Laub unter deinen Füßen. Neugierig folgst du dem Geruch des Feuers. Ja, der Lichtschein wird immer heller und größer.

Im Näherkommen beginnst du eine Musik von Trommeln und Rasseln wahrzunehmen. Einige Menschen singen. Und obwohl du die Musik nicht so genau kennst, kommt sie dir doch bekannt vor. Ja, das sind Klänge, die zum Feiern einladen. Der helle Schein des Feuers macht nun eine Lichtung sichtbar und beleuchtet im Kreis sitzende Menschen. Es sind viele Menschen, eine bunte und zugleich sehr harmonisch wirkende Gruppe. Du bemerkst gleich: Es sind Menschen aus den unterschiedlichen Kulturen, oder stammen sie nicht nur aus anderen Ländern, anderen Traditionen, sondern auch aus längst vergangenen, fast schon vergessenen Zeiten?

Der warme Lichtschein des flackernden Feuers lässt dich nicht so genau erkennen, wer da alles sitzt. Aber deine Seele kennt sie alle, diese Menschen aus nah und fern. Während du näherkommst, erheben sich all diese Menschen und winken dir zu. Sie laden dich ein, in ihren Kreis zu treten, mit ihnen zu sein. Ja, sie scheinen geradezu auf dich gewartet zu haben, so viel Herzlichkeit und Freude bringen sie dir entgegen.

Deine Seele öffnet sich staunend für diesen Kreis, der dich hier so liebevoll willkommen heißt. Sie atmet auf in dem sicheren Gefühl heimzukommen, anzukommen, bei all denen, die dich lieben. Deine Seele spürt, dass sie zu all denen gehört, die dich wirklich kennen und schätzen, zu all den Wesen hier im Kreis, die schon immer zu dir und deinem Leben gehören.

Und es sind so viele! Freunde und Begleiter, Helfer und Unterstützer, Seelenvertraute, die dir ganz verwandt scheinen und die du doch eigentlich gar nicht alle benennen könntest. Wesen aus anderen Sphären, aus anderen Kulturen, dazu Weise und Heiler aller Welten. Sie alle sind da und sie alle lassen dich deutlich spüren, wie sehr sie dich lieben.

Es sind all die Menschen, die zu dir und deinem Leben einfach dazugehören. Vertraute deiner Seele, die dich auf deinem Lebensweg begleiten. All jene, mit denen du teilst, was dir wichtig ist, was zu dir gehört und was du schon immer so und nicht anders machst. So bist du heute im Kreis all derer angekommen, die für dich da sind, dich begleiten, führen, schützen. Seit undenklichen Zeiten und über alle vorstellbare Zeit hinaus.

In festlichen Kleidern sind auch sie hierher gekommen und sie freuen sich, mit dir zu feiern. Eine Herzensgesellschaft, die das Leben und eure liebevolle Verbindung feiert. Du siehst Gewänder der ganz besonderen Art, in leuchtenden Farben und schillernd im züngelnden Schein des Feuers. Wundersam fremdartig und doch so vertraut.

Und so feiert ihr euer großes Fest mitten im Wald, ihr feiert mit Trommeln und Rasseln, feiert die Gemeinschaft von ganz besonderen Menschen, die ihre tiefe Liebe miteinander teilen. Du gehst umher, von einem zum anderen, genießt die Blicke voller Zuneigung, das Lachen und die heitere Gelassenheit der vielfältigen Begegnungen.

Und es ist auch ein Kreis der Wissenden und Weisen, der Künstler und Seher, der Heiler und Schamanen. Auch

sie sind hierher gekommen, um in diesem deinem Kreis von Vertrauten freudig mit dabei zu sein. Auch ihre Kraft und ihre Liebe nähren und stärken diesen Kreis. Den Kreis, der dein Leben ausmacht, dein Innerstes, deine Seele. So sitzt und steht ihr beisammen, wohlig beschienen vom Feuer dieser Nacht. Eine Gemeinschaft in Leichtigkeit und Würde, in Respekt und Freiheit, in Weisheit und Schönheit, Offenheit und Toleranz.

Du spürst voller Dankbarkeit, dass du Zugang zu all diesen Menschen, all diesen Kulturen und Traditionen hast. Du bist ein Kind all dieser Welten und hast Zugang zu allem, was es gibt.

Während du deine Freude spürst, merkst du vielleicht, wie die Musik ihr Tempo steigert, der Rhythmus wird ausgelassener, und wenn dir danach ist, dann kannst du jetzt beginnen zu tanzen. Du feierst dich und dein ganzes Leben, diese Gemeinschaft und dieses Fest. Mit jeder Faser deines Körpers genießt du die Freude dieser Gesellschaft.

Vielleicht magst du dich auch nur leise wiegen im Bewusstsein des Einsseins mit allen Wesen, denen Achtsamkeit und Liebe etwas bedeuten. So nimmst du die Freude dieser Gemeinschaft tief in dich auf, in jede deiner Zellen.

Langsam brennt derweil das Feuer nieder, die Musik wird immer leiser, bis sie schließlich verstummt. Du bleibst in deiner festlichen Stimmung, während du dir allmählich immer klarer deines Körpers bewusst wirst, wie er hier an deinem Platz sitzt oder liegt. Du kommst wieder ganz in deinem Alltagsraum an und bleibst doch auch verbunden mit dem Fest am Feuer, mit deiner Seelengemeinschaft.

Vielleicht hörst du im Zurückkommen noch, wie dir all diese liebevollen Menschen, all diese Wesen zuraunen: Du bist wichtig, du wirst von den Kräften des Lebens selbst geliebt. Wisse und sei, wer du bist, und lebe dein Leben gemeinsam mit anderen.

1. Januar, die Rauhnacht für den August

Der Neujahrsmorgen gehört zu den stillsten Momenten überhaupt. Die meisten Menschen schlafen sich aus. Wer aber schon einmal eine Runde draußen dreht, kann sie genießen: diese verheißungsvolle Stille, die über allem liegt. Ein unvergleichlicher Zauber. Der Kalender zeigt den Beginn eines neuen Jahres. Alles – oder doch sehr vieles – ist möglich. Das ganze Potenzial unendlicher Fülle liegt verborgen in der Weite des Daseins. Im August, dem zugehörigen Monat, wird sich diese Fülle dann bereits offenbart haben.

Phantasiereise: Fülle

Setze oder lege dich entspannt hin und schließe deine Augen. Nimm dich in deinem Körper wahr und spüre in dich hinein. Nimm auch Kontakt zur Erde auf, so wie du sitzt oder liegst.

Stell dir vor, du gehst hinaus übers Land. Es ist Sommer, und das Sonnenlicht auf deiner Haut wärmt dich angenehm. Du wanderst über die Felder und Wiesen. Lass dich treiben, vielleicht bleibst du ab und an stehen, schaust dich um. Und dann ziehst du weiter, ohne genau zu wissen, wohin dein Weg dich führen wird. Und ehe du dich versiehst, bist du bei einem Ort angekommen, der dich an einen verwunschenen Garten erinnert. Dichte

Hecken von Brombeeren umranken ein verrostetes hohes Gitter, das als Zaun dient. Auch Himbeeren sind da, breite Sträucher, die dieses große Areal umgeben. Neugierig näherst du dich.

Du biegst um eine Ecke des Gitters, und da siehst du ein altes verrostetes Tor. Freudig gehst du darauf zu. Das Sonnenlicht begleitet dich.

Das Tor quietscht, als du es aufdrückst. Aber es gibt dir ganz leicht den Weg frei. Und so gelangst du hinein in diesen Wundergarten. Er ist viel größer, als es von außen den Anschein machte. Links von dir sind ein paar kleine grüne Hügel. Weiter vorn gibt es einen Teich, weiter hinten ein Wäldchen.

Viele Blumen sind da, sie sprießen und blühen in Hülle und Fülle, wild wachsende, große, hoch rankende und traumhaft schöne Blumen. Ein ganzes Meer an Blüten, unvorstellbar prächtig und schön.

Von einem der Hügel kommen Gnome herunter. Kleine Gestalten mit lachenden Gesichtern. Sie ziehen einen Karren und zeigen dir, was sie darin geladen haben: Unmengen von Goldstücken! Sie glänzen und glitzern, schimmern und blinken in der Sonne. Und die Gnome erlauben dir, so viel davon zu nehmen, wie du möchtest. Alles in diesem Garten kannst du dir nehmen, und von allem so viel, wie du möchtest.

Staunend schaust du dich um. Du bist begeistert von dem Farbenspiel der Pflanzen, und wunderbarerweise tauchen zwischen den vielen bunten Blumen kleine Feen auf. Wirbelnd und lustig hüpfend kommen sie auf dich zu. In ihren Händen haben sie kleine Schalen, die voll von wohlriechenden Düften sind. Jede Fee trägt einen anderen Duft, und du kannst an diesen Schalen schnuppern. So verlockend, diese Düfte! Unbeschreiblich. Vielfältig und doch alle von einem sanften Zauber. Du bist begeistert von der Fülle an Gerüchen, die sich dir hier bietet.

Du setzt dich an einen Bach, musst erst einmal innehalten bei so viel Wunderbarem, das dich in diesem Garten mit seinen Pflanzen und Wesen umgibt. So viele Bäume stehen hier an diesem Wasser, dazwischen Moos und Beerenhecken voll mit reifen, saftig lockenden Früchten. Alles ist dicht und voll. Paradiesische Fülle.

Alles, was vorstellbar ist, gibt es in diesem Garten. Auch viele Pilze, und wie du zwischen ihren Hüten hindurchschaust, bemerkst du einen kleinen Zwerg. Kichernd kommt er aus der Erde hervor. Er marschiert auf dich zu, ein kleines Säckchen mit Diamanten mit sich tragend, das er vor dir öffnet.

Eine Fülle von Schönheit funkelt dir entgegen, viele glitzernde, blinkende Steine, leuchtend, bezaubernd, strahlend. Du kannst dir auch davon nehmen, denn hier ist die Fülle des Lebens Realität. Es gibt von allem und für alle genug.

So gehst du weiter durch den Garten und bemerkst die Vielfalt an reifen, saftigen Früchten. Früchte aus allen Kontinenten, dir bekannte Sorten und solche, die du noch nie gesehen hast. In allen Farben und auch in Geschmäckern, die du noch nie gekostet hast.

Du spazierst an den Sträuchern entlang und bemerkst, dass sich zwischen ihnen kleine Elfen versteckt haben. Sie schenken dir Tautropfen aus der Fülle dieser Pflanzen. Tautropfen, die alles enthalten, was dir guttut. Dankbar nimmst du sie entgegen – und spürst beim Trinken dieser Tropfen, wie sie dich nähren.

Du bist überwältigt von all der Fülle und kannst dir gar nicht vorstellen, dass es noch mehr geben kann. Aber im Weitergehen siehst du einen kleinen weißen Tem-

pel im Abendlicht. Zart leuchtend wie eben erst aus der Schöpferkraft des Universums geboren.

Du näherst dich und gehst hinein. Und dort steht sie: Fortuna, die Göttin des Glücks, mit ihrem Füllhorn. Sie grüßt dich und fragt: »Bist du jetzt bereit, ganz bewusst die Fülle des Lebens in dir anzunehmen?«

Und vielleicht spürst du ein großes Ja in dir. Du trittst vor die Göttin. Fortuna nimmt ihr großes Füllhorn, das das Glück und die Fülle des Lebens enthält, die gesamte Schönheit der Schöpfung. Diese Fülle breitet sie jetzt über dich aus. Und so lässt du alle Fülle, alle Schönheit, all den glitzernden Glanz des Sternenstaubs, aus dem die Herrlichkeit des Lebens besteht, auf dich herniederregnen.

Tief nimmst du diese regenbogenbunte Fülle in dir auf. Es gibt nichts, was du nicht in dir trägst. Der gesamte Reichtum dieser Welt ist in dir. Du bist eins mit allem. Du bist verbunden mit der Fülle des Lebens, die du dankbar in jede Zelle deines Körpers aufnimmst.

Dann bedankst du dich bei Fortuna, trittst hinaus aus dem Tempel und bist nicht wenig erstaunt, dass du dich wieder auf den Feldern und Wiesen ganz nah an deinem Ausgangsort befindest. Die Gnome, die Zwerge, die Feen und die Elfen sind verschwunden.

Du aber hast die Fülle des Lebens in dir und kommst mit diesem Reichtum jetzt in deinen Körper zurück. Du atmest dich allmählich zurück in deinen Alltag, reich beschenkt und erfüllt.

2. Januar, die Rauhnacht für den September

Der heutige Tag bringt für viele wieder den Alltag, den Beginn der Arbeit. Der Zauber der Rauhnächte aber bleibt denen erhalten, die ihn weiter bemerken und in sich bewahren. Wenn Sie ihn noch nicht missen wollen, dann bleiben Sie aktiv mit ihm verbunden. Etwa indem Sie am Abend die folgende Phantasiereise lesen oder – noch angenehmer – sich vorlesen lassen. Um Intuition geht es da, die Kraft, die unmerklich den September begleitet, den Monat, in dem der Sommer noch spürbar ist, aber schon allmählich den kühleren und wieder dunkleren Tagen Platz macht. Ein Abschied. Wir genießen die schönen Tage und blicken auch schon das eine oder andere Mal zurück auf das Gewesene. In einem solchen Innehalten sind ein paar Fragen ganz nah: »Wer bin ich jetzt?« »Wer werde ich sein?« Fragen Sie Ihre Intuition.

Phantasiereise: Intuition

Setze oder lege dich entspannt hin und schließe deine Augen. Stell dir vor, es ist ein heißer, schwüler Tag, und du gehst am späten Nachmittag hinaus in die Natur. Du spürst gleich, da braut sich etwas zusammen. Die Luft ist voller Spannung, geradezu elektrisch geladen.

Der Himmel leuchtet in einem dunkler werdenden Grau, das den Wind und die Wolken heranträgt. Noch ist alles ruhig, aber die Temperatur hat merklich abgenommen. Jeden Moment kann der ersehnte Regen kommen. Und da spürst du auch schon einen leichten kühlenden Windhauch auf deiner Haut.

Du stehst auf einem Feldweg. Die kühler werdende Luft erfrischt dich, und du hast Lust, der Sonne nachzugehen, die sich allmählich dem Horizont zuneigt. Freudig gehst du los, da draußen auf dem Feld. Du gehst deinen Weg, im Herzen die Sehnsucht nach dem Licht.

Das Strahlen der Sonne macht dich froh. Es ist die Sonne, die jetzt im Sommer alles hat wachsen lassen, die alles zur Reife gebracht hat.

Plötzlich wird dir etwas bewusst: Schon immer bist du auf der Suche nach dem Licht gewesen. Schon dein ganzes Leben lang bist du dem Licht nachgejagt. Jeder Tag brachte dich weiter hin zu deinem Licht. Er brachte dich auch näher zu dem Licht in dir. Von einer inneren Klarheit getragen, hast du diesen Weg gewählt.

Und so kommst du jetzt auf die Idee, dich neu zu öffnen – für etwas ganz anderes, einen anderen Weg. Intuitiv folgst du dem Impuls, dich umzudrehen. Du wendest dich von der Sonne ab und – was für eine Überraschung: Staunend stehst du da und siehst einen Regenbogen in seiner vollkommenen Schönheit. Er reicht vom einen Ende des Horizonts über einen großen weiten Bogen bis zum anderen. All seine Farben sind leuchtend und strahlend. Unten das kraftvolle Rot, dann das leuchtende Orange. Darüber das helle, strahlende Gelb, das dann unvergleichlich zart in Grün übergeht. Beinahe unwirklich schimmert das Blau darüber, und schließlich kommt ein glänzendes Violett, dass sich zum Rand hin leicht verdunkelt. Welch ein Naturschauspiel!

Und so gehst du nun auf den Regenbogen zu. Gehst ein Stück in Richtung des sich allmählich verdunkelnden Himmels. Der Regenbogen zieht dich magisch an.

Das Sommergewitter kommt näher. Die Hitze ist vergessen, und der Wind haucht dir das erste Ahnen der Regenfeuchte zu. Er kühlt dich auf wohlige Weise. Deine Haut nimmt den leichten Windhauch wahr, wie ein sanftes Streicheln, so zart und gleichzeitig so erfrischend. Durch einen mystisch wirkenden Nebel bist du unmittelbar zum Fuße des Regenbogens gelangt.

Direkt vor dir liegt sein magisches Rot, und jetzt umfängt es dich und hüllt dich ein. Rings umher überall dieses unvergleichliche Rot. Es lässt dich deine Stärke und deine Beweglichkeit spüren. Stabil fühlst du dich mit dem Boden verbunden.

Wie durch Zauberhand zieht dich nun das Orange zu sich, das dich und deinen ganzen Körper in eine leichte beschwingte Bewegung bringt. Du folgst der Faszination der Farbe Orange. Ja, du spürst es: Leben ist Freude, Leben ist beglückende Leichtigkeit.

Nun zieht dich das Gelb zu sich hin. Du tauchst ganz ein in diese Sphäre des Regenbogens, in dieses Gelb, das dich jetzt vollständig umhüllt. Leicht fühlst du dich, flexibel und klar. Gesegnet mit einer kraftvollen Mitte.

Erwartungsvoll schaust du dann schon auf das Grün, das dir entgegenkommt. Welch eine Frische erwartet dich da! Schon umhüllt dich dieses lebendige Grün, zeigt dir, dass auch du Teil des irdischen Wachsens und Werdens bist. Zeigt dir, dass die Natur auch in dir lebt. Du begreifst die Zusammenhänge von Mensch und Natur, von Innenwelt und Umwelt. Und du genießt den Tanz der Farben, das Farbenspiel des Lebens, pure Magie.

Und irgendwie unbemerkt hat sich das Grün verändert. Seine feinen Schattierungen sind in lichte Blautöne übergegangen. Anmutig folgst du der Verwandlung in das Blau, du breitest deine Arme aus, du dehnst dich weit über deine Grenzen aus hinein in dieses angenehme Blau. Es lässt dich wissen, wie du deine Füße setzen kannst. Wie selbstverständlich harmonieren Geist und Körper. Ein Ahnen, ein Wissen, und schon folgen die richtigen Schritte. Du tanzt deinen ureigenen Tanz, du tanzt dich selbst.

Und schon gelangst du in das betörende Violett, das dich in seiner Schlichtheit umfängt, dich noch weiter werden lässt und deine Seele berührt. Still wirst du, während du spürst, wie du eins wirst mit diesem Violett, mit allem um dich her. Wie sich deine Grenzen auflösen – und du zugleich doch ganz wesentlich du bist.

Du bist da, in der vollen Größe, die deine Seele für dieses Leben erträumte.

Überglücklich wiegst du dich im Tanz. Frei und mühelos, harmonisch und kraftvoll. Leicht setzt du deine Schritte. Wechselst von Farbe zu Farbe, von Schwingung zu Schwingung. Wie herrlich es doch ist, im Regenbogen zu baden!

Angekleidet mit seinen Farben weißt du: Das Universum ist mit dir. Du weißt: Du selbst bist Universum.

Alles steht dir zur Verfügung.

Alles ist in deinem Körper enthalten.

Alles Wissen ist in dir.

Alles ist da, alles kommt aus den Farben des Regenbogens, und du trägst sein Gewand.

Verbunden mit seinen Farben, den Farben des Lebens atmest du dich jetzt zurück. Kommst in deiner eigenen Zeit ins Hier und Heute zurück. Du kannst dir sicher sein: Immer wenn du aus dem heraus handelst, was dir dein Herz, deine Seele, dein Innerstes raten, dann ist der Regenbogen bei dir. Dann stützt und stärkt, verzaubert und heilt er dich.

Dehne dich nun und strecke dich. Und komm zurück zu deinem Platz im Alltag: Du trägst alles Wissen in dir. Deine Intuition weist dir den Weg.

3. Januar, die Rauhnacht für den Oktober

Heute beginnt das letzte Viertel, das letzte Quartal, in den Rauhnächten ebenso wie im Jahreslauf. Vielleicht wird Ihnen schon deutlich, was Ihnen die Rauhnächte gebracht haben. Entspannung, die Ihren Körper und Ihre Nerven stärkte? Genussvolles Zusammensein mit Ihren Lieben, das Ihnen das Geschenk Ihres Miteinanders neu vor Augen führte? Neue Ideen und auch die nötige Kraft, sie umzusetzen? Was können Sie aus dieser besonderen Zeit ernten und für alles Weitere nutzen?

Auch im Oktober stellt sich diese Frage. Die Zeit des Säens und Pflegens ist gewesen, jetzt ist es Zeit, die Ernte einzufahren wie Bauern und Gärtner – aber auch in anderen Lebensbereichen können wir die Kraft des Jahreskreises nutzen. Die Frage: »Was kann ich jetzt ernten?« schafft ein Bewusstsein für den Platz, an dem man gerade steht, und für den Reichtum, der auch durch eigene Entscheidungen und Aktivitäten möglich wurde.

Phantasiereise: Ernte

Setze oder lege dich entspannt hin und schließe deine Augen. Stell dir vor, du hast heute ein ganz besonderes Ziel: Du möchtest zu einem Garten spazieren, dem Garten deines Lebens. Dem Garten, in dem all das wächst und gedeiht, zur Blüte und zur Reife kommt, was zu dir und deinem Leben gehört. Du freust dich auf diesen Ausflug, und so spazierst du gut gelaunt los. Zunächst durch Straßen, dann über Feld- oder Waldwege, an einem Fluss oder Bach entlang. Immer weiter gehst du, spürst die Dynamik deiner federnden Schritte, den Rhythmus deines Herzens, atmest die reine, frische Luft tief ein.

Während du so gehst, erinnerst du dich an frühere Besuche in deinem Garten. Ganz zu Anfang, das weißt du noch genau, da war es recht karg dort. Die Erde war gut, aber es wuchs nicht viel auf diesem Fleckchen Land. Wie oft hast du Steine von den Beeten gesammelt! Kantige und runde, kleine und große. Lange hast du dich über sie geärgert. Wozu lagen die dir im Weg?

Irgendwann aber hast du bemerkt, dass sie ganz praktisch waren: Du konntest mit ihnen auch gestalten, konntest sie als Material benutzen. Na, und erst die stolze Freude, wenn du wieder ein Beet frei davon hattest, sodass du etwas ansäen oder pflanzen konntest! Während du so gehst, Schritt für Schritt auf deinen Garten zu, spürst du wieder dieses schöne Gefühl: Stolz und Freude über das Erreichte.

Sicher, manchmal war es anstrengend, in diesem Garten zu arbeiten. Du hast gesät, geharkt und gegossen, und manchmal hast du den kleinen Pflanzen beim Wachsen zugeschaut. Mit viel Liebe hast du dich um Pflanzen und Blumen gekümmert, hast sie von Unkraut befreit, ihnen Platz zum Reifen gemacht, sodass sie gedeihen und sich entfalten konnten. Nicht alles ist gelungen, nicht jede Pflanze hat gewurzelt, und du erinnerst dich auch an die vielen Versuche, die missglückt sind.

Doch es war immer wieder schön zu sehen, wie sich die Dinge verändern, wie so vieles doch gedeiht, grünt und blüht, ja, wie sich am Ende alle Anstrengungen gelohnt haben.

Und du erinnerst dich auch an den alten, knorrigen Apfelbaum. Erinnerst dich an den himmlischen Duft seiner Blüten? Ja, du kannst sie sogar jetzt riechen. Und so kannst du jetzt auch das Summen von Tausenden von Bienen und Hummeln hören, die sich an sonnigen Tagen an seinen Blüten labten – wunderschön. Prickelndes, summendes, freudiges Leben.

Wie der Garten wohl heute aussehen wird? Wie es dem alten Baum wohl gehen wird? Voller Vorfreude beschleunigst du deine Schritte. Und da siehst du die ersten grünen Hecken in einiger Entfernung auch schon auftauchen. Jetzt ist es nicht mehr weit, und du hüpfst fast in der Freude, endlich wieder dort zu sein.

Und so näherst du dich diesem vertrauten und doch immer wieder neuen Platz. Bald siehst du, dass kleine rote und schwarze Punkte aus der Hecke hervorleuchten, die den Garten umgeben. Ja, im Näherkommen siehst du, dass es saftig reife Himbeeren und Brombeeren sind. Ist deren Zeit nicht längst vorbei? Nein, sie leuchten dir prächtig entgegen, und du bekommst Lust, sie abzupflücken und einzusammeln. Die Hecken versprechen eine reiche Ernte.

Jetzt aber hast du erst einmal das kleine Tor erreicht, den Eingang in deinen Garten. Ganz bewusst setzt du deinen Schritt über diese Schwelle und breitest unwillkürlich die Arme aus, um diesen Platz, deinen Lebensgarten, zu begrüßen.

Und als schiene alles hier auf dich gewartet zu haben, empfindest du einen herzlichen Gegengruß. Von allen Seiten lächeln dir Früchte und Beeren entgegen, Pilze scheinen den Hut zu ziehen, und in den Beeten sitzen dick und kräftig die Gemüse. So eine Fülle! So eine reiche Ernte, die du hier einfahren kannst. Wie hat sich der Garten doch entfaltet! Und wie sehr hat sich all dein Einsatz gelohnt! Tief atmest du die Freude über diesen reichen Gewinn in dich ein. Deine Ernte.

Jetzt fällt dein Blick auf den alten, knorrigen Apfelbaum. Und du traust deinen Augen kaum: Er hängt über und über voll mit rotbackigen, glänzenden Äpfeln. Eine solche Menge, leuchtende Farbtupfer inmitten der grünen Blätter. Die Früchte duften dir so entgegen, dass es eine Freude ist. So verlockend sehen diese Äpfel aus, einer wie der andere versprechen sie nahrhaften, nährenden Genuss für alle Sinne.

Du gehst näher zum Baum hin – und mit einem Mal scheint sich unten an seinem Stamm ein Spalt aufzutun. Ja, es ist sogar eine Tür, die sich dort knarrend öffnet.

Heraus tritt eine uralte Frau, die dich mit kleinen wach blitzenden Augen in einem runzligen Gesicht anlächelt. Sie lädt dich ein, zu ihr zu kommen, und du kannst nicht anders: Ehrfürchtig verbeugst du dich vor ihr, denn du weißt sofort, das ist Mutter Erde selbst. Mit einer warmherzigen Stimme spricht sie zu dir. Sie freut sich mit dir über den Reichtum, den du heute ernten kannst. Sie freut sich, dass du deinen Weg gehst. Und sie erinnert dich an alles, was du in diesem Leben gut gemacht hast. Auch wenn du dich im Moment vielleicht nicht erinnerst, du weißt wie sie, dass du schon so viel überstanden hast, so viel verändert hast, so viel gelernt und umgesetzt hast. Sie kennt deine Anstrengung, deine Arbeit des Übens, Versuchens und Scheiterns.

Aber du bist deinen Weg gegangen, auf deine dir ganz persönliche Weise. Aus so vielen Tälern bist du wieder hinaufgestiegen in die freiere, frischere Luft der Höhen. Du hast aus so vielen schwierigen Situationen das Beste gemacht. Immer hast du das gemacht, was dir möglich war, und das schätzt Mutter Erde. Sie weiß, dass nicht immer alles gelingen kann und dass du immer dein Bestes gegeben hast, auch wenn es nicht immer so aussah. Mutter Erde kennt und würdigt deine Bemühungen. Sie schaut dir tief in die Augen, und du erkennst in ihrem Blick ihre ganze Liebe. Sie weiß, dass du dich redlich bemüht hast, obwohl die Umstände manchmal schwierig waren.

Und so übergibt sie dir jetzt als Zeichen deiner Ernte, als Zeichen dafür, dass du dich weiterentwickelt hast und bis hierher gekommen bist, ihren Segen. Sachte, fast unmerklich neigst du deinen Kopf, und ihre sanften Hände berühren dich zärtlich am Scheitel. Ein Strom warmer, ungeheuer zärtlicher und nährender Energie durchflutet dich. Der Segen berührt dein Herz, das vor dankbarer Freude vibriert. Und du fühlst dich gestärkt und geliebt, anerkannt und befähigt. Befähigt, deinen Weg weiter und immer weiter zu gehen. Der Segen von Mutter Erde wird dich begleiten.

Und so atmest du dich nun allmählich zurück in deinen Körper, zurück an deinen Platz, an dem du sitzt oder liegst. Du spürst dich in deiner Umgebung, dehnst und streckst deinen Körper und öffnest die Augen.

4. Januar, die Rauhnacht für den November

Allmählich gehen die Rauhnächte zu Ende. Unwillkürlich beginnen wir zurückzuschauen: auf das Gewesene, das Erlebte, alles, was uns bereichert und erfahrener gemacht hat. Darin kommt diese Rauhnacht dem Monat nahe, der zu ihr gehört, dem November.

Wenn es draußen wieder kalt und nass ist, ziehen wir uns gern nach innen zurück und reflektieren über das allmählich zu Ende gehende Jahr. Auch wenn nicht alles so lief, wie wir es uns vielleicht erträumt und gewünscht hatten – wenn es uns gelingt, mit einem offenen Herzen das anzunehmen, was uns das Leben gegeben hat, dann kann sich leise eines der schönsten Gefühle in uns ausbreiten: Dankbarkeit.

Phantasiereise: Dankbarkeit

Setze oder lege dich entspannt hin und schließe deine Augen. Stell dir vor, es ist ein herrlicher Morgen, und du erwachst mit einem ganz besonderen Gefühl. Du nimmst deinen Körper wahr, du öffnest die Augen – und du weißt einfach, dass du eine magische Kraft in dir trägst: die wundervolle Kraft, Menschen in der Seele zu berühren, wundersam zu verzaubern und irgendwie, du weißt auch nicht wie, glücklich zu machen. Mit einer leichten Geste deiner Hand verwandelst du die Welt. So wie ein Zauberer ein Kaninchen aus seinem Zylinder zaubert, so bringst du Freude und Leichtigkeit unter die Menschen mit dieser magischen Kraft, die du in dir trägst. Du weißt, heute ist der Tag, an dem sie lebendig werden will.

So stehst du voller Freude auf, kleidest dich an und gehst hinaus. Du lässt dich treiben, gehst deinen Weg. Da begegnet dir ein kleines Kind, das mit seiner schweren Tasche auf dem Rücken unterwegs zur Schule ist. Du siehst ihm ins Gesicht, und – oh – es laufen Tränen über seine Wangen. Schnell machst du deine Handbewegung und überreichst dem Kind einen süßen Plüschhund. Erstaunt schaut es dich an und greift dann zu diesem kuscheligen Geschenk. Sein Kummer, was auch immer der Grund war, ist nicht mehr so schlimm, denn jetzt ist es nicht mehr allein damit. Es drückt das Hündchen an sich und strahlt dich voller Freude und Dankbarkeit an. Du lachst zurück und spürst, wie sich dein Herz noch weiter öffnet.

So schlenderst du weiter. Kaum bist du ein paar Schritte gegangen, als du einem Pärchen begegnest – ernst und angespannt wirken beide. Schauen starr vor sich hin, als gingen sie gar nicht miteinander. Du greifst spontan mit deiner magischen Handbewegung in deinen imaginären Zauberhut und förderst eine rosafarbene Rose hervor. Du reichst sie rasch dem erstaunt aufblickenden Mann und zwinkerst ihm mit einem Seitenblick auf seine Partnerin zu. Im Weitergehen siehst du noch aus den Augenwinkeln, wie er ihr lächelnd die Rose übergibt. Die ganze Stimmung wandelt sich, lebendig beginnen die Energien wieder zwischen beiden zu fließen, nach und nach finden sie wieder Worte füreinander, und eine Welle der Dankbarkeit rollt dir nach und wärmt dein Herz.

Die große Dankbarkeit berührt auch dich, und auf diese Weise gestaltet sich dein Tag immer weiter, voller Wunder und freudigem Staunen. Für einen grüblerisch schauenden Studenten hast du genau das Buch griffbereit, das ihm in seinen Semesterarbeitsfragen weiterhilft. Auch er blickt dich mit großen, erstaunt dankbaren Augen an, strahlend und berührt.

Und es ist so leicht, diese Freude, dieses Staunen und Lachen ins Leben zu rufen. Du atmest tief und spürst die Schönheit der Dankbarkeit in dir. So lächelst du dein schönstes Lächeln zu einer eingesunken auf einer Bank sitzenden Alten – und darfst beobachten, wie sich ihr Rücken plötzlich strafft und sie beinahe königlich wirkt. Sie lächelt zurück. Königlich und jung, jung im Herzen.

Einer anderen Frau mit schweren Einkaufstüten, die entnervt ihren Haustürschlüssel sucht, präsentierst du genau diesen Schlüssel. Eine magische Handbewegung. Heute ist alles möglich. Und auch sie schenkt dir diese süße Welle der Dankbarkeitsenergie.

Dein Herz ist bereits so weit geworden, überfließend von so viel Dankbarkeit, die all diese Menschen zu dir strömen ließen. So kommst du an einem Park vorbei und weißt nicht, wie dir geschieht: Du kannst nicht anders, du stellst dich einem Jogger derart abrupt in den Weg, dass er erst abbremsen und dann ausweichen muss. Schon will er schimpfen – da bleibt er plötzlich ganz stehen. Und zwar stumm und wie vom Blitz getroffen: vor einer jungen Frau, die ihn mit dem süßesten Lächeln anblickt, das er je gesehen hat. Beide sind vom ersten Blick in die Augen des anderen an wie verzaubert, und du weißt: Sie werden es für lange Zeit bleiben. Verliebt und dankbar für diese Fügung.

Das Leben ist ein Wunder. So singt es in deinem Herzen. Du setzt dich auf eine Bank und schließt die Augen. Denn das, was du jetzt fühlst, ist so kostbar, dass du es ganz und gar erspüren und erfahren willst. Du bist dankbar für all diese glücklichen Gesichter, für all dieses überraschte Staunen. Dankbar, dass du Hilfe geben konntest. All das hat dich, den Gebenden, reich beschenkt. Dein Herz fließt über vor Dankbarkeit. Je mehr du davon in die Welt hinausströmen lässt, umso mehr entsteht neu in deinem Herzen. Du bist so dankbar – und nun auch dankbar für die Dankbarkeit.

Mit deinem weiten, zutiefst berührten Herzen atmest du dich nun in deinem Tempo wieder ganz zurück in deinen Körper und an deinen Platz, von dem aus du diese Reise unternommen hast. Du spürst dich wieder ganz, mitten in deinem Leben, das so reich und voller Möglichkeiten ist.

5. Januar, die Rauhnacht für den Dezember

Die letzte Rauhnacht und entsprechend der letzte Monat des Jahres. Wenn etwas zu Ende geht, werden wir oftmals ganz ruhig. Wir lassen zu, dass sich eine übergroße Stille auf uns herabsenkt. Es gibt nichts mehr zu tun. In uns zeigt sich vielleicht ein wenig Traurigkeit wegen des Abschieds, aber auch Dankbarkeit für all das Gewesene. Wir lassen all diese Empfindungen, all die Erinnerungen einfach in uns wirken. Wir lassen all dem, was sich in uns angesammelt hat, die Zeit, zu reifen und zu dem zu werden, was am Ende den großen Schatz gelebten Lebens bildet: Weisheit.

Phantasiereise: Weisheit

Setze oder lege dich entspannt hin und schließe deine Augen. Dehne und strecke dich noch ein wenig, sodass du dich tiefer und tiefer auf deinem Platz entspannen kannst. Du atmest ein und aus, um ganz bei dir anzukommen. Dein Rücken ist gestützt oder angelehnt. Du spürst die Ruhe in dir, den Schutz, der deinem Rücken guttut. Und du kannst dir vorstellen, dass es in deinem Rücken ganz warm wird, so als würde jemand ganz sachte und liebevoll deinen Rücken stützen.

Wie wäre es, wenn da eine freundliche Großmutter wäre, eine Ur-Ur-Urgroßmutter, fernab aller Zeiten und

Erinnerungen, eine uralte heitere Großmutter, die Ruhe und die Liebe in Person. Sie stützt und wärmt dir den Rücken, und ein so wohliges Gefühl durchströmt dich. Es ist so angenehm, derart liebevoll gehalten zu werden. So kraftvoll unterstützt zu sein.

Diese uralte Frau lässt dich wissen, dass sie immer und unter allen Umständen mit ihrer großen Weisheit und ihrer unermesslichen Reife für dich da ist.

Neben dir taucht, genauso zärtlich und zugleich kraftvoll, Mutter Natur auf. Ihr runzliges Gesicht strahlt auf eine schier überirdische Weise Gleichmut und Lebenserfahrung aus. Eine solche Sicherheit in allen Fragen des Lebens! Und zugleich eine unübertreffliche Weichheit und Offenheit!

So spürst du von der Seite, an der Mutter Erde nun sitzt, eine große wohltuende Stabilität zu dir hinüberströmen, Weltgewandtheit, Sicherheit, Tragfähigkeit. Eine ungeheure, tiefe Lebendigkeit, das vollste Einverständnis mit dem Leben, das vollste Ja aus einem weiten, warmen, offenen Herzen. Du genießt es, Mutter Erde so nah zu sein. Du spürst eure tiefe, durch nichts zu lösende Verbundenheit, denn Mutter Erde ist das Leben selbst. Und so nimmst du die Geborgenheit, die sie dir gibt, tief in dich auf, bist mit Mutter Erde verbunden und dadurch mit der Weisheit des Lebens selbst.

Und da, plötzlich, taucht wie aus dem Nichts, es ist kaum zu glauben, ein leuchtendes, vor Vergnügen lachendes kleines Kind vor dir auf. Es tanzt seinen Freudentanz, das pure Glück. Vielleicht kennst du es ja schon, aber vielleicht begegnest du ihm heute zum allerersten Mal. Es ist das magische Kind. Untrennbar gehört es zu deiner Seele. Klein ist es, unschuldig und voller ungetrübter Freude. Und dabei ist es auch stark in seinem reinen Zutrauen zum Leben, seiner unendlichen Offenheit.

Staunend schaust du zu, wie es vor dir hüpft und tanzt, mit kindlicher magischer Einfachheit. Es verkörpert eine so unglaublich vertrauensvolle Unschuld! Und genau damit hat es Zugang zu aller Weisheit des Lebens. Ihm zuzuschauen macht dir klar, dass es dieses Vertrauen ins Leben selbst ist, das Weisheit ermöglicht. Sein freudiger Tanz der Offenheit macht es diesem Kind möglich, jegliches Wissen aller Welten in sich aufzunehmen. So ist es ewig jung und ewig weise.

Auch in dir spürst du jetzt diese kindliche Freude, diesen Entdeckergeist und dieses vergnügte Spiel mit all den Lebensmöglichkeiten. Diesem Kind zuzuschauen, diesem magischen Kind in die Augen zu sehen, bringt den Zauber der weisheitsvollen Unschuld auch zu dir, auch in dein Herz, das sich weitet und lacht.

Während du es genießt, dich von dieser kindlichen Magie anstecken zu lassen, spürst du plötzlich eine weitere Präsenz in deiner Nähe. Seitlich von dir, wo bisher nur Raum war, ist eine Gestalt aufgetaucht, ein alter bärtiger Mann in einer erdfarbenen Robe. Er schaut dich aus gütigen dunklen Augen an, sein Lachen lässt Hunderte Fältchen in seinem Gesicht tanzen.

Es ist der weise Alte, der Eremit vom Berg, der Mönch, der sein Leben seit undenklichen Zeiten der Kontemplation widmet, dem tiefen Verstehen des Herzens und der Seele, dem Sein in Gott. Auch er ist eine Inkarnation von Weisheit, der Weisheit, die einem lebenslangen seelenvollen Forschen und Suchen erwächst.

Und wie er dich anschaut, spürst du das gleiche Sehnen auch in dir – das Sehnen nach dem Erkennen, nach dem Verstehen, nach dem Wissen um all die Wunder, die das Leben birgt. Du spürst dieses stetige Feuer in dir weiterzugehen, immer tiefer hinein in die kostbaren Mysterien des Seins.

In den Augen dieses weisen Mannes erkennst du, dass ein solches Streben, wenn es sich erfüllt hat, den tiefsten inneren Frieden bringt. Eine innere Ruhe, wie sie nur aus der Verbundenheit mit dem Göttlichen erwachsen kann.

Und so bist du umgeben von vier Aspekten der Weisheit, die dich nähren und stützen, wärmen und anspornen. Du spürst in dich hinein und fühlst dich unendlich geborgen. Du fühlst einen unermesslichen inneren Frieden und die Gewissheit: Alles ist gut, so wie es ist.

Da nimmst du wahr, dass auch dein Bauch ganz weit und weich geworden ist. Und du spürst, wie sich die gesamte Weisheit dieser vier Wesen um dich her wie goldenes Licht in ihn ergießt. Alles fließt zu dir, in deine Mitte. Du legst die Hände auf deinen Bauch, auf dieses Gefäß der Weisheit, berührst es oder umarmst es sogar wie einen kostbaren Schatz. Und das ist es auch. Reich beschenkt bist du, mit der unendlichen Weisheit des Lebens, die aus diesen vier Aspekten zu dir strömt. In dich hinein, in dein Wesen, das voller Weisheit verstehen und erkennen kann.

Und so hast du all die Weisheit auch in dir, wenn du dich nun allmählich wieder in deinen Körper hineinatmest. Du weißt, du kannst jederzeit zu diesen vier weisen Wesen zurückkehren, um dir für deine aktuellen Fragen eine Antwort zu holen.

Jetzt aber kehrst du zurück in deinen Körper und in den Raum, in dem du sitzt oder liegst. Du legst noch einmal die Hände auf deinen Bauch und weißt: Hier drinnen wohnt die Weisheit, die sich immer dann in deinem Leben offenbart, wenn du sie brauchst.

Alles Gute für das neue Jahr!

Liebe Leserin, lieber Leser, wir freuen uns sehr, dass wir Sie ein wenig durch die geheimnisvolle Zeit der Rauhnächte begleiten durften. Wir hoffen, dass wir Ihnen ein paar Anregungen geben konnten, diese Zeit als eine Quelle der Ruhe und der Kraft für sich und Ihre Lieben zu gestalten. Als eine Zeit, die in Ihnen Stärke und Lebensfreude, Perspektive und inneren Frieden für alles Kommende erwachsen lassen konnte.

Insbesondere mit den Phantasiereisen haben Sie einen kleinen Schatz, den Sie auch im Laufe der kommenden Monate ab und zu wieder auspacken und genießen können. Ihr Inneres wird die Orte, an die Sie während der Rauhnächte gereist sind, gleich freudig wiedererkennen, wenn Sie sich erneut auf den Weg machen. Genießen Sie diesen Schatz, unternehmen Sie erneut die Reise, die Ihnen am besten gefallen hat. Oder die, die zum aktuellen Monat passt. Oder auch die, die Ihnen genau das verspricht, was Sie gerade benötigen: Stille vielleicht, Aufbruchsstimmung oder ein Gefühl der Fülle.

Und vielleicht gestalten Sie an einem regnerischen Sommerabend mal wieder eine kleine »Zwischenzeit«, setzen sich mit der Familie oder Freunden gemütlich zusammen, einer liest vor, und alle reisen gemeinsam zu einer der zwölf wirklich lohnenden Qualitäten des Jahres. Wir wünschen Ihnen viel Freude dabei!

Rituale und altes Wissen rund um die Rauhnächte

128 Seiten | 10,- € (D)

Impressum

4. Auflage 2017

Redaktion: Nicola v. Otto, Text & Form, München
Gesamtproducing und Layout: vm-grafik, Veronika Moga
Projektleitung: Sven Beier
Bildredaktion: Tanja Zielezniak
Korrektorat: Susanne Langer
Umschlaggestaltung: Geviert, Grafik & Typografie
Druck und Bindung: Těšínská Tiskárna, a. s., Český Těšín

Printed in Czech Republic

ISBN: 978-3-424-15263-0

Bildnachweis: Alle Illustrationen in diesem Buch stammen von Nicole Braunschweig.

FSC® www.fsc.org MIX Papier aus verantwortungsvollen Quellen FSC® C005833

Verlagsgruppe Random House FSC®N001967